·毛泽东谈文论史全编·

顾 问：龙新民 郑欣淼 陈 晋 阎晓宏

读 宋 词

MAOZEDONG DU SONGCI

毕桂发 主 编

毕国民 副主编

中国文史出版社

图书在版编目（CIP）数据

毛泽东读宋词 / 毕桂发主编 . —— 北京：中国文史出版社，2023.12
（毛泽东谈文论史全编）
ISBN 978-7-5205-4574-7

Ⅰ.① 毛… Ⅱ.① 毕… Ⅲ.① 毛泽东著作研究 ② 宋词 – 诗歌欣赏
Ⅳ.① A841.691 ② I207.23

中国国家版本馆 CIP 数据核字 (2023) 第 245026 号

责任编辑：窦忠如
特约编辑：王德俊　窦广利　赵增越　张幼平　邓文华　张永俊

出版发行：中国文史出版社
社　　址：北京市海淀区西八里庄路 69 号院　邮编：100142
电　　话：010-81136606　81136602　81136603（发行部）
传　　真：010-81136655
印　　装：廊坊市海涛印刷有限公司
经　　销：全国新华书店
开　　本：787 毫米 × 1092 毫米　1/16
印　　张：8.75
字　　数：130 千字
版　　次：2024 年 1 月北京第 1 版
印　　次：2024 年 8 月第 3 次印刷
定　　价：30.00 元

总　序

2023 年 12 月 26 日，是中国人民的伟大领袖毛泽东同志诞辰 130 周年。经过多年酝酿策划和组织编撰，我们于今年正式出版发行《毛泽东谈文论史全编》（以下简称《全编》）以示隆重纪念。

十年前，习近平总书记在纪念毛泽东同志诞辰 120 周年座谈会上的重要讲话中指出："毛泽东同志是伟大的马克思主义者，是伟大的无产阶级革命家、战略家、理论家，是马克思主义中国化的伟大开拓者，是近代以来中国伟大的爱国者和民族英雄，是党的第一代领导核心，是领导中国人民彻底改变自己命运和国家面貌的一代伟人。"同时，毛泽东同志又是世所公认的伟大的文学家、史学家、诗人和作家。在深入学习贯彻党的二十大精神、纪念毛泽东同志诞辰 130 周年的重要时间节点上，组织编撰出版这一大型项目图书，为人们缅怀毛泽东同志的丰功伟绩，学习毛泽东同志的伟人品格、政治智慧和文化思想，提供了一套非常重要的文化历史资料；对于弘扬中华优秀传统文化，学习贯彻党的二十大报告中关于"推进文化自信自强，铸就社会主义文化新辉煌"的重要精神，具有十分宝贵的启示和积极的意义。

在组织编撰这部大型项目图书的过程中，我们坚持以习近平新时代中国特色社会主义思想为指导，认真学习党中央关于历史问题的三个决议精神，特别是十九届六中全会通过的《中共中央关于党的百年奋斗重大成就和历史经验的决议》精神，对全部书稿的政治观点和思想内容进行了认真把关，使其符合三个决议精神，也符合习近平总书记十年来有关论述毛泽东同志历史功绩和毛泽东思想指导地位的重要讲话精神，以及关于学习党史国史和弘扬中华传统文化的重要讲话精神。

《全编》计27种40册1500万字。编撰者耗费数十年心血收集、整理、阐析、赏评，把毛泽东在各个时期的文章、诗词、书信、讲话、谈话中引用、化用、批注、圈阅、点评、编选的古今人物和文史作品，把毛泽东传记、年谱、回忆录中提及或引用和评点的古今人物和文史作品，即使片言只语、寸缣尺楮也收集入册，希望能够集散为专、分门别类，尽量避免遗珠之憾，力求内容全面系统、表述科学客观。

这部《全编》有以下几个特点：

资料齐全。毛泽东同志一生酷爱读书，可以说是博览群书、通古贯今。他曾说："饭可以一日不吃，觉可以一日不睡，书不可以一日不读。"他熟读《二十四史》《资治通鉴》等中国历代著名历史著作，熟读中国历代优秀的诗词文学作品，且不动笔墨不读书，读书时做了大量批注和圈画，还常常在自己的文章、诗词、讲话、谈话中引经据典、巧妙运用，真可谓博学约取、学以致用。这就给我们留下了浩如烟海的珍贵史料。在编著这部《全编》时，我们想最大限度地收集、整理、汇编其所涵盖的各个方面的文献史料，力争做到文献可靠、史料精准，可读性、知识性和趣味性兼具，使其成为研究毛泽东思想特别是毛泽东文化思想的重要资料。

分类精细。毛泽东同志喜欢中国古代文学，阅读、圈评了大量各类体式的文学作品，他的诗词创作尤为脍炙人口。因此，收录《全编》中关于毛泽东同志的文史资料，浩瀚如海，编撰者都进行了认真严格的划分整理，将其分三辑，文学类就有两辑，所占分量最大。比如，编撰者将其细分为评点名诗、名词、散曲、辞赋、小说、散文、戏曲的"毛泽东同志评点中国传统文化赏析"7种19册，以及《跟着毛泽东学诗词》《毛泽东诗话》《周世钊论毛泽东诗词》《毛泽东致周世钊书信手迹》与毛泽东读唐诗、宋词、元曲、古文等的"毛泽东与中国诗词曲赋"8种9册。

评述允当。在这部《全编》中，编撰者将每篇作品分为毛泽东评点、人物、事件评述或毛泽东评点、原文和赏析，力求评述或赏析允妥、适当，即深刻理解毛泽东原文含义，紧扣毛泽东的评点，不作过多发挥，文字力求简明生动。同时，编撰者注重史料收集整理的文献性，兼顾知识性和趣味性，这就使得这部大型项目图书兼具很强的可读性。

这部《全编》还有一个最突出的重要特点，那就是比较集中地梳理和呈现了毛泽东同志的历史自信和文化自信。习近平总书记在纪念毛泽东同志诞辰120周年座谈会上的讲话中明确指出，毛泽东同志"是马克思主义中国化的伟大开拓者，是近代以来中国的爱国者和民族英雄"。这个评价反映在毛泽东同志学习和运用、继承和发展中华优秀传统文化方面，鲜明地体现为他的历史自信和文化自信。因此，我们认为这部《全编》的编撰出版，有益于读者更深入体会党的二十大报告论述的"坚持和发展马克思主义，必须同中华优秀传统文化相结合"的重大论断。在这部《全编》中，有关毛泽东圈阅、评点历史人物和文史作品的材料，就很具体地体现了他作为"马克思主义中国化的伟大开拓者"，是如何运用马克思主义的世界观和方法论，去激活中华优秀传统文化的；又是如何通过继承、运用和发挥中华优秀传统文化，为坚持和发展马克思主义提供深厚滋养的。

　　《全编》除了引用毛泽东同志的相关评点外，主要篇幅是介绍、叙述和评论毛泽东同志评点的对象即历史人物和文史作品，所引毛泽东的评点内容都出自公开的出版物并注明出处。从目前已出版的各类关于毛泽东同志的书籍来看，这是目前更加全面系统反映伟人毛泽东同志的一部大型丛书，但每册又可独立成书，以满足不同读者的阅读喜好与多样需求。当然，限于编撰者的水平和时间，这部《全编》的体例编排和文字表述等方面还有改进和完善空间，恳请专家学者和广大读者朋友不吝批评指正。

《毛泽东谈文论史全编》编委会

2023 年 12 月 18 日

目　录

一、毛泽东读宋词概述

　　1965 年 7 月 21 日，毛泽东在《致陈毅》的信中说："如同你会写自由诗一样，我则对于长短句的词学稍懂一点。"[①] 当然，这是毛泽东自谦的话。毛泽东在这里讲的是诗词创作，陈毅擅长写自由诗，而他则工于写旧体诗词。但旧体诗词创作，在很大程度上要靠古诗词的阅读。俗话说，熟读唐诗三百首，不会作诗也会吟。毛泽东会写旧体诗词，正缘于他对古诗词的熟读和研究。

　　1975 年 6 月间，毛泽东向陪他读书的北京大学中文系讲师芦荻建议："现在没有书，咱们搞一部吧，选它 500 首诗、500 首词、300 首曲、30 篇赋。"[②] 毛泽东这句话，是对当时"四人帮"搞出来的"怕写文章，怕写戏。没有小说，没有诗歌"的局面的严厉批评[③]，也表明他对选本的重视。毛泽东喜读选本，据我们所知，他读书时圈阅最多的是那些经得起时间考验的优秀选本。例如《古诗源》《昭明文选》《唐诗三百首》《唐诗别裁集》《宋诗别裁集》《元诗别裁集》《明诗别裁集》《清诗别裁集》《古文辞类纂》《曲选》等，而词则主要阅读的是清人朱彝尊编、汪森等增补的《词综》和清王昶纂《明词综》。《词综》是一部规模较大的词选集，收录唐、五代、宋、金、元词作 2253 首。其中朱彝尊编 26 卷，汪森等增补 10 卷。康熙三十年（1691）裘杼楼刊印。后王昶又增补 2 卷。《四部备要》

---

　　① 中共中央文献研究室编：《毛泽东书信选集》，人民出版社 1983 年版，第 607 页。
　　② 董学文、魏国英编著：《毛泽东的文艺美学活动》，高等教育出版社 1995 年版，第 254 页。
　　③ 《对"四人帮"文艺政策的批评》，《建国以来毛泽东文稿》第十三册，中央文献出版社 1998 年版，第 443 页。

本共收录 38 卷。毛泽东读的当是《四部备要》本。

至于词人大家，毛泽东都读过他们的专集。例如柳永，毛泽东读过他的《乐章集》，辛弃疾的《稼轩长短句》，毛泽东也反复读过。南宋的几位爱国词人，毛泽东还专门查找过他们的诗文集：

> 找南宋张元干的《归来集》。
> 找南宋张孝祥的于湖集、词。
> 找南宋洪皓的诗文集。"①

这个批语写在新华通讯社 1961 年 3 月 17 日编印的《内部参考》第 198 期增刊的封面上。批语中提到的张元干，是南宋初词人，著有《归来集》《芦川词》。张孝祥，号于湖居士，南宋豪放派词人，著有《于湖集》《于湖词》等。洪皓，南宋初官吏，工诗词，著有《鄱阳集》《松漠纪闻》《帝王通要》等。

---

① 《关于查找南宋几部诗文集的批语》，《建国以来毛泽东文稿》第九册，中央文献出版社 1996 年版，第 462 页。

二、"词有婉约、豪放两派"

毛泽东 1957 年 8 月 1 日对范仲淹两首词的批语中指出："词有婉约、豪放两派。"[1] 1963 年 2 月 26 日，在中央工作会议上，有的同志提到："有人说，轻音乐是抒情的，重音乐是战斗的。"毛泽东当即插话："那战士就没有抒情？诗词也是一样，在同一朝代，如宋朝，有柳永、李清照一派，也有苏东坡、陆游一派。柳、李的作品只讲爱情。"[2]

毛泽东对宋词中的两派极其熟悉，可谓张口就来。他明确指出，宋词中有婉约、豪放两个风格流派，以及其形成的原因。这无疑是正确的。

婉约，和顺谦恭之意。此词始见于先秦，魏晋六朝人已用来形容文学辞章。陆机《文赋》："或清虚以婉约。"在词史上，婉约柔美的风调相沿成习，由来已久。词本来是为合乐演唱而作的，起初演唱的目的多为娱宾遣兴，演唱的场合无非宫廷豪门、秦楼楚馆，因此歌词的内容多为闺中怨叹、离情别绪，这就形成了以《花间集》为代表的"香软"的词风。宋代词家乘其余绪，晏殊、欧阳修、柳永、周邦彦、李清照、蒋捷、吴文英、张炎等人，虽在内容上有所开拓，运笔更精妙，并且都能各具风韵，自成一家，然而大体上并未脱离婉转柔美的轨迹。因此，前人多用"婉美"（《苕溪渔隐丛话后集》）、"软媚"（《词源》）、"绸缪婉转"（《酒边词序》）、"曲折委婉"（《乐府余论》）等语，来形容他们作品的风调。

到了明代，便有了"豪放"与"婉约"的明确提法。明人张綖在《诗

---

[1] 中共中央文献研究室编：《毛泽东读文史古籍批语集》，中央文献出版社 1993 年版，第 27 页。

[2] 董学文、魏国英编著：《毛泽东的文艺美学活动》，高等教育出版社 1995 年版，第 220 页。

余图谱》中说:"词体大略有二:一体婉约,一体豪放。婉约者欲其词情蕴藉,豪放者欲气象恢宏。然亦存乎其人,如秦少游之作,多是婉约,苏子瞻之作,多是豪放。大抵词体以婉约为正。"第一次明确提到"婉约"与"豪放"的概念。但这是就作家个性所表现的风格而言,并非把词家分为两大派别。直到清代王士禛《花草蒙拾》才以此分派:"张南湖论词派有二,一曰婉约,一曰豪放。仆谓婉约以易安为宗,豪放唯幼安称首。"这里不讲苏东坡开创豪放派,竟然说豪放派以辛弃疾为首,把豪放派出现的时间推得太晚了。

婉约词的特点,主要是内容侧重儿女风情,比较狭窄,结构深细缜密,重视音律谐婉,语言圆润,清新绮丽,具有一种柔婉之美。

豪放,本指人的性格狂放任性,不拘细节。语出《魏书·张彝传》:"彝少而豪放,出入殿庭,步眄高上,无所顾忌。"作为文学风格流派,豪放是指诗文风格豪迈,无所拘束。首见于唐人司空图《二十四诗品·豪放》:"观花匪禁,吞吐大荒。由道返气,处得以狂。"意谓:尽情赏玩无所拘束,遨游宇宙任意远翔。诗人以自然之道培养豪气,创作才能文思昂扬。北宋诗文革新派作家,如欧阳修、王安石、苏轼、苏辙都曾用豪放一词评价诗文。第一个用豪放评词的是苏轼,他在《答陈季常》中说:"又惠新词,句句警拔,诗人之词,非小词也。但豪放太过,恐造物者不容人如此快活耳。"在这里,豪放也是无所拘束之意。他是指词的无所拘束、放笔恣肆的创作个性。他还开始写作打破传统风格的词,如《念奴娇·大江东去》等加以实践。据南宋俞文豹《吹剑录》载:"东坡在玉堂日,有幕士善歌,因问:'我词何如耆卿?'对曰:'郎中词,只好十七八女子,执红牙板,歌'杨柳岸晓风残月';学士词,须关西大汉,绰铁板,唱'大江东去。'为之绝倒。"这则故事,表明两种词风的对比,把苏词看成可与柳词相抗衡的另一流派。

南宋王灼《碧鸡漫志》说:"晁无咎、黄鲁直皆学东坡,韵致得七八。后来学坡者,叶少蕴、蒲大受亦得六七","沈公述、李景元、晁次膺、万俟雅言,皆有佳句,源流从柳氏来"。

这里没说苏、柳已形成两个不同的流派。南宋张炎在《词源》中才把

"豪气词"与"雅词"对举。

豪放词的特点，大体是创作视野较为广阔，气象恢宏豪放，喜用诗文的手法、句法和字法写词，语词宏博，用事较多，不拘守音律，然而有时失于粗疏平直，甚或失于狂怪叫嚣。北宋黄庭坚、晁补之、贺铸等人都有这类风格的作品。南宋以后，由于时代巨变，慷慨悲壮的高亢之音，应运而生。陈与义、叶梦得、朱敦儒、张孝祥、张元干、陈亮、刘过等人承流接响，蔚然成风，辛弃疾更成为创作豪放词的一代巨擘和领袖。豪放派不但"屹然别立一宗"（《四库全书总目》），震烁宋代词坛，而且影响金、元、明、清词的发展。

当然，婉约与豪放并不足以概括宋词的风格流派的多样性，但可以说明宋词风格具有或偏于阴柔之美，或偏于阳刚之美的两种基本倾向；况且，就一位作家而言，特别是大家，往往具有风格的多样性，如苏轼既有《念奴娇·大江东去》一类气势磅礴的豪放之作，也有《洞仙歌·冰肌玉骨》这样的婉约篇章。

毛泽东是"偏于豪放，不废婉约"，他自己的诗词创作也多为豪放之作，所以，可以说他对豪放派尤为钟爱。他对宋词中的豪放派作品圈阅得特别多。豪放派的代表作家苏轼的词作，他圈阅了19首；得另一位代表人物辛弃疾的词作，他圈阅竟有98首之多。一部1959年中华书局影印出版的《稼轩长短句》共有四册，每册的封面上，毛泽东都用粗重的红铅笔画着读过的圈记。书中有60多首词的标题上，也画了圈记，并用黑红两色铅笔画着圈、点、曲线。从圈画用的不同笔迹估计，这部书可能是他在不同时期内断续反复阅读的。在毛泽东经常翻阅的几部《词综》里，对辛弃疾的词也是反复多次阅读的。对于其他豪放派作家的词作，毛泽东也多有圈画。如王安石的《桂枝香·登临送目》，岳飞的《满江红·怒发冲冠》，陈亮的《念奴娇·危楼还望》，刘过的《沁园春·斗酒彘肩》《贺新郎·多病刘郎瘦》等10首，崔与之的《水调歌头·万里云间戍》，洪皓的《江梅引·天涯除馆忆江梅》，张元干的《贺新郎·梦绕神州路》等9首，陆游的《南乡子·归梦寄吴樯》《诉衷情·当年万里觅封侯》《夜游宫·雪晓清笳乱起》等10余首，张孝祥的《满江红·斗帐高眠》《六州歌头·长怀望断》，刘克庄的《水龙吟·年年岁岁今朝》《满江红·金甲雕戈》《贺新郎·国脉微如丝》等15首，徐君宝妻的《满庭芳·汉上繁华》，等等。

毛泽东还圈阅过宋代婉约派词人张先的《浣溪沙·楼倚春江百尺高》《生查子·含羞整翠鬟》，晏几道的《生查子·金鞍美少年》，秦观的《黄金缕·妾本钱塘江上住》，周邦彦的《忆王孙·风蒲猎猎小池塘》《如梦令·池上春归何处》《如梦令·花落莺啼春暮》《浣溪沙·楼上晴天碧四垂》《四园竹·浮云护月》，谢逸的《花心动·风里杨花》《江城子·杏花春馆酒旗风》，万俟咏的《长相思·短长亭》《昭君怨·春到南楼雪尽》，朱淑真的《生查子·去年元夜时》，吴文英的《阮郎归·翠阴浓合晓莺堤》，蒋捷的《贺新郎·渺渺啼鸦了》《贺新郎·雁屿晴岚薄》《贺新郎·梦冷黄金屋》《洞仙歌·世间何处》《洞仙歌·枝枝叶叶》《瑞鹤仙·绀烟迷雁迹》《女冠子·蕙花香也》《白苎·正春晴》《永遇乐·清逼池亭》《高阳台·燕卷情丝》《绛都春·春愁怎画》《声声慢·黄花深巷》《金盏子·练月索窗》《梅花引·白鸥问我泊孤舟》《解佩令·春晴也好》《虞美人·少年听雨歌楼上》《虞美人·丝丝杨柳丝丝雨》《祝英台近·柳边楼》《行香子·红了樱桃》《柳梢青·学唱新腔》《霜天晓角·人影窗纱》《一剪梅·一片春愁待酒浇》，孙夫人的《风中柳·销减芳容》和无名氏的《眉峰碧·蹙破眉峰碧》，等等。

三、"柳、李的作品只讲爱情"

（一）柳永的"爱情"词

毛泽东明确地指出，宋朝"有柳永李清照一派"，"柳、李的作品只讲爱情"。[①] 这个论断很符合实际。

柳永是婉约派的代表词人。他是北宋第一位专业词人。因其排行第七，故称为"柳七"。官至屯田员外郎，世称"柳屯田"。有《乐章集》行世。毛泽东中南海的书房里有一部柳词《乐章集》。在这部专集和朱彝尊等编的《词综》里，毛泽东共圈画过35首柳词，有些词还反复圈画，很是重视[②]。

柳永年轻的时候，是个风流才子，喜欢为秦楼楚馆的姑娘们和教坊的乐工们（演员们）用当时的口语填词，供她们演唱。柳永大概没有结婚，他死后没有家属为其安葬，还是歌女们集资安葬了他，因此他便成了一个传奇性人物：以后她们每年还为他举行"吊柳会"。

柳永生活放浪，风流倜傥，不拘细行，自然为封建士大夫看不起，所以他的仕途走得十分艰难。据宋人吴曾的《能改斋漫录》中记载："仁宗留意儒雅，务本向道，深斥浮艳虚华之文。初进士柳三变好为淫冶讴歌之曲，传播四方，尝有《鹤冲天》词云：'忍把浮名，换了浅斟低唱。'及临轩放榜，特落之，曰：'且去浅斟低唱'，何要'浮名'！景祐元年方及

---

① 董学文、魏国英编著：《毛泽东的文艺美学活动》，高等教育出版社1993年版，第220页。

② 张贻玖：《毛泽东评点、圈阅的中国古典诗词》，中国工人出版社1992年版，第176页。

第。后改名永，方得磨勘转官。"按《鹤冲天》开头说"黄金榜上，偶失龙头望"，则此词正是为下第而作，并非先有此词而仁宗将他除名。毛泽东在这首词的天头上画着大圈，词内每句都加了圈点。柳永在这首词里，傲然以"白衣卿相"自居，视功名为"浮名"，看得还不如"浅斟低唱"有意义。"忍把浮名，换了浅斟低唱"，是词人宦途失意后，玩世不恭地自我解嘲。毛泽东密密地圈阅了这两句词，说明对它的重视。

毛泽东说，"柳、李的作品只讲爱情"。这是很对的。爱情词占了柳永词中大部分内容。例如《昼夜乐·洞房记得初相遇》：

> 洞房记得初相遇。便只合、长相聚。何期小会幽欢，变作离情别绪。况值阑珊春色暮。对满目、乱花狂絮。直恐好风光，尽随伊归去。
> 一场寂寞凭谁诉。算前言，总轻负。早知恁（nèn）地难拚（pàn），悔不当时留住。其奈风流端正外，更别有、系人心处。一日不思量，也攒（cuán）眉千度。

《昼夜乐》调名之曰"乐"，乃快乐之"乐"，与《齐天乐》《永遇乐》之出于乐章，为乐府之"乐"不同；"昼夜乐"即彻昼彻夜行乐狂欢之意。吴均词"式号式呼，俾昼作夜"即属此意。李白诗"行乐争昼夜，自言度千秋"，调名即本此义而创。

这首词写一个普通女子和她的丈夫结婚之后（亦有说是写一个妓女和她的情人），旋即分离而产生了无尽的思念和追悔之情，写得一往情深，很是感人。

词的上阕写女主人公和丈夫（情人）的幽会和分离。起笔三句直接擒题，写初次相见。起句"洞房记得初相遇"，叙夫妻二人初次见面是在新婚卧室之中。这在封建社会中是很平常的。当时婚姻要凭父母之命、媒妁之言，婚姻的当事人在婚前是无由得见的，所以往往是在洞房中才"初相遇"。男女虽无感情积累，却也一见如故，男欢女爱，一往情深，所以过去也认为是一大乐事，所谓"洞房花烛夜，金榜题名时"，把新婚的欢乐与事业的成功相提并论。所以下面接着说"便只合、长相聚"，这是于情于理都合宜的事：从感情上说，女主人公希望这燕尔新婚带来的欢乐能持续下去；从事理上讲，既为夫妇，常常聚首，过正常的夫妻生活，乃是理之当然。

但事情却发生了意外，"何期小会幽欢，变作离情别绪"，怎么也没想到新婚的甜蜜生活才开个头，便棒打鸳鸯两离分，欢乐变成了忧愁。至于为什么被分开了，作者并没明言，留待读者去思索。也许是官府差遣，也许是生计所迫，女主人全不理会这些，活画出她一心只想长相厮守的心态。

以上是直抒离情，下边四句便用景物渲染。"况值"二句是说，他们分别时正当暮春时节，春色凋残，花飞絮舞。景物的衰残正衬托了寂寞的心绪。女主人又进而想到，春色的衰残、丈夫的离去，在她面前同时发生了，二种本不相干的事物发生了联系，当然女子的感情是侧重怕"伊"（她的丈夫）一去不返，偏说成"直恐好风光，尽随伊归去"，便多一层曲折，文势更为活泼。

下阕写女子对丈夫的思念。"一场寂寞凭谁诉"，起句抒情。"寂寞"是春归人去之后必然产生的情绪，是可以理解的，但让人不能忍受的是无法向人诉说，也不宜诉说，只能郁结在心头。

于是下阕便转入对短暂聚首生活的追悔。"算前言，总轻负。"女子追想婚后的短暂欢乐生活中，还不能那么如鱼得水、妇随夫唱，有时许诺的事旋即又变卦了，致使失去了很多欢愉。这是女子自责之一。"早知恁地难拚，悔不当时留住。"女子又想，早知道二人感情这样难以割舍，这是说当时还没有意识到分别的后果、离情的分量，现在体会到了，后悔分别时不死活把丈夫留住。这是自责之二，又推进了一层。"其奈风流端正外，更别有、系人心处。"丈夫风流倜傥，品貌端正，不便明言的"系人心处"，应与上阕所言"小会幽欢"同意，恐指夫妇间正常的性生活，这便是女子追悔不已的内在原因。以上三层追悔，前两层从自身的行为讲，第三层从丈夫对自己的影响说，步步深入，层层推进，把追悔思念之情，写得淋漓尽致。"一日不思量，也攒眉千度"。"攒眉"，谓紧蹙双眉，是不愉快的表现。是说哪一天都思量，眉头皱上千百次，却说"不思量"，以否定句出之，不思量已攒眉千度，思量呢？便可想而知了。文气活泛。

"攒眉千度"，生动形象，把女子对丈夫的思念具象化，像木雕石塑一样，立在读者面前，产生了十分强烈的艺术效果。

柳词中大量的所谓爱情词，是写他和歌伎的爱情生活的，例如，《凤栖梧·伫倚危楼风细细》：

　　　　伫倚危楼风细细，望极春愁，黯黯生天际。草色烟光残照里，无言谁会凭阑意。

　　　　拟把疏狂图一醉，对酒当歌，强乐还无味。衣带渐宽终不悔，为伊消得人憔悴。

《凤栖梧》亦作《蝶恋花》，二者是同一词调的不同名称。这首词是怀念远方恋人的作品。词人将漂泊异乡的感受，同怀恋意中人的缠绵情绪合到一起写，采用"曲径通幽"的方式，抒情写景，感情真挚。

词的上阕写春景、咏春愁。首句"伫倚危楼风细细"是写登楼引起了春愁。主人公久立于高楼上，春风细细吹拂而过。"风细细"是写春风轻轻地吹拂着主人公的面颊。"望极春愁，黯黯生天际"，两句是写词人登高极目天涯，一种黯然魂销的"春愁"油然而生。"春愁"点明了时令。词人只说"生天际"，可见是天际的什么景物触动了他的愁怀，从下文看是春草。词人是借用春草来表现自己春愁的无限，春愁是因思念远方的意中人而生的。"草色烟光残照里，无言谁会凭阑意"，两句写登楼远望所见之景，写出了主人公的孤单凄凉之感。草色青青，日光斜照，主人公独倚高楼默默无言，有谁能理解他凭阑念远的意思呢？"草色烟光残照里"，用景物点明时间，写春天景色极为生动逼真。"残照"二字，使春色蒙上了一层感伤的色彩，为下一句抒情烘托出了气氛。"无言"二字，含有千言万语和千种风情、万种思绪。"无言""伫倚危楼"，正反衬出词人思绪起伏、不能自己的状况。

词的下阕写为消除相思的痛苦，打算借酒浇愁，强自宽解，但又觉强乐无味，最后决定追求思念中的伊人。下阕起笔一转，写他如何苦中求乐。"拟把疏狂图一醉，对酒当歌，强乐还无味"，是说词人企图把春愁荡开，想仿效前人对酒当歌，狂放不羁，以酩酊大醉来忘却痛苦，但借酒浇愁的结果是"强乐还无味",何况是自己心甘情愿承受这种折磨的。故作欢乐而"无味",正说明"春愁"的缠绵执着,是解脱不了、排遣不去的。"衣带渐宽终不悔,为伊消得人憔悴",结尾两句将思念恋人的感情推向了高潮。这两句是点睛之笔,也是全篇主旨所在。词人的满怀愁绪挥之不去,心甘情愿为"春愁"所折磨,甚至"衣带渐宽终不悔"。究竟是什么使得主人公钟情如此呢?直到结尾才点出了"伊",这当然是他钟情挚爱的女子。词的结尾两句已成为脍炙人口的名句。"终"字、"消得"二字,可看作词人对爱情始终不渝的决心。

这首词始借景生发,后打算用对酒当歌的方法,使相思之情得以解脱,终因此情无法消解,只得任其相思下去。手法有开有合,卷舒自如。全词描写心理细腻充分,尤其是最后两句直抒胸臆,画龙点睛地揭示出主人公的精神境界,被王国维称为"专作情语而绝妙者","求之古今人词中,曾不多见"(《人间词话删稿》)。王氏还把它称为"古今之成大事业,大学问者,必经过三重之境界"的第二重境界。

再如柳永的《忆帝京·薄衾小枕凉天气》:

> 薄衾小枕凉天气,乍觉别离滋味。展转数寒更,起了还重睡。毕竟不成眠,一夜长如岁。
>
> 也拟待、却回征辔(pèi)。又争奈、已成行计。万种思量,多方开解,只恁寂寞厌厌地。系我一生心,负你千行泪。

这首词写一位男子和他所欢爱的女子别离之后的思念。

词的上阕写别后相思。"薄衾小枕凉天气,乍觉别离滋味。"起首二句直抒离情。"薄衾",薄被子。从"凉天气"看,时令刚届初秋,凉而不冷,所以睡觉时只盖一条薄被子就可以了。从"小枕"来看,词中男子是拥衾独卧;而这独卧和从前与所欢爱女子的同床共枕形成了巨大的反差,所以才开始体味到别离的滋味。开头二句平平叙来,点明题意。

接下来四句便具体描写这"别离滋味":"展转数寒更,起了还重睡。毕竟不成眠,一夜长如岁。""展转",又作"辗转",形容忧思萦牵的样子。"更"，旧时夜间计时单位。一夜分为五更，每更约两小时。"重"，重复。词中男子过去双栖，如今独眠，在床上翻过来倒过去怎么也不能入睡，就躺在床上数更点：一更，二更，三更……企图借以摆脱"别离滋味"的萦牵，但还是不能奏效。便从床上爬起来，在房中踱来踱去，徘徊了一阵子，只好又躺下。重新躺下后，到底也没有睡着，真是度日如年，一夜长似一岁。通过男子的几个连续性的动作，把他被"别离滋味"所苦的状态描绘得极为生动。

下阕写无计挽回，只好永远相思下去。"也拟待、却回征辔。又争奈，已成行计。""征辔"，指征途。"辔"，驾驭牲口的缰绳。"争奈"，怎奈，无奈。词中男子在彻夜不眠的困惑中，也曾设想过掉转马头回去，仍和所爱女子欢会；但无可奈何，已经踏上征程，怎么能再回去呢？"已成行计"，是说这种离别，或者是为了求官，或者是迫于生计，不得不行，无可挽回，已成定局，极富潜台词。这就是说男主人公已经处于一个走又不愿走，归又归不得的尴尬境地。

他别无选择，只好"万种思量，多方开解"。"思量"竟至"万种"，极写思量之深；"开解"又是"多方"，形容排解方法之多。但仍无济于事，便只好"寂寞厌厌地"，即无精打采、百无聊赖地挨日子。"厌厌"，精神不振的样子。

"系我一生心，负你千行泪。"以上写"别离滋味"均是从男子着手，末二句则笔俱两面，从男女双方落笔。上句仍从男子方面写，是说我对你（女子）一辈子也不会忘记，把你永远记在心上。这是誓言，也是心声，而且是男子所能做到的，也愿意做到的。因为这样才能减轻自己的别离之苦，才算对得起所爱女子。实际上，这样做只不过是男子意欲在心理上保持平衡，于事并无补益，其结果只能是"负你千行泪"了。"负你千行泪"，这是设身处地从女子着想。可以想见，离别之后，女子必然也思念不已，又无法排解，终日只有以泪洗面。虽然你思我念、旧情不断，但咫尺千里，已难挽回，最终还是我辜负了你那"千行泪"。词以男子的深深自责作结，把他对女子的情深似海、义重如山的感情写得淋漓尽致、无以复加，把通篇抒写的别离之苦推上了高潮。

但柳永所写的爱情词大多数是风流才子的狎妓生活，他的九首《少年行》和《笛家弄·花发西园》《满朝欢·花隔铜壶》等都是这类作品。例如《少年行·长安古道马迟迟》：

> 长安古道马迟迟，高柳乱蝉嘶。夕阳岛外，秋风原上，目断四天垂。
> 归云一去无踪迹，何处是前期？狎兴生疏，酒徒萧索，不似少年时。

　　柳永曾怀有用世之志愿，又因天性而爱好浪漫的生活。早年落第时，尚可借着"浅斟低唱"来加以排遣。当他年老时，已对冶游之事失去兴趣，遂在志意落空后又加了一种感情失去寄托的悲慨。而最能表现出他双重悲慨的，便是这首《少年游》小词。

　　这首小词写的是秋天的景色，在情调与声音方面很有特色。在这首小词中，柳永既失去了高远飞扬的意兴，也消逝了迷恋眷念的感情色彩，全词所显示的只是一片低沉萧瑟的色调和声音。

　　"长安古道马迟迟"，上阕首句有写实与托喻两重含义。柳永确曾到过长安，有"参差烟树灞陵桥"词句为证。从托喻来说，长安为中国著名古都，长安道上来往的车马，往往被借指为对于名利禄位的争逐。"古道"二字使人产生无限沧桑的感觉。"马迟迟"则表现了词人对争逐名利之事已经灰心，也表现出了一种对古今沧桑多变若有深慨的思想。"高柳乱蝉嘶"，次句是说，在高高的柳树上有很多蝉在嘶鸣。"高柳"，表现了蝉嘶鸣的地方，"高"字表现了"柳"之零落稀疏。"乱蝉嘶"不仅显示了蝉声的众多缭乱，也表现了因蝉嘶而引起哀感的词人的缭乱心情。

　　"夕阳岛外，秋风原上，目断四天垂"，接下来三句，写词人在秋日郊外所见到的萧瑟凄凉的景象。当夕阳快要沉没之时，小岛隐身于长空之外，郊原上秋风四起，潦倒落魄的词人双目望断四周而终无一可供投止之所。上阕是词人自写今日之飘零落拓、望断念绝，整个从外界之景象入手，感慨极深。

　　下阕开始写对过去的追忆，但一切希望与欢乐已经不存在了。"归云一去无踪迹"，是对一切已消逝不可复返的事物的一种比喻，天下事物变化无常、一逝不返以"云"的形象最为明显。"何处是前期"紧承上句，什么地方才是以前所期待的呢？"期"是一种愿望和期待，"前期"指旧日的志愿或指旧日的欢爱约期。对柳永来说，是一个两样都落空了的不幸人物。

"狎兴生疏，酒徒萧索，不似少年时"，结末三句是写自己的今日寂寥落寞。早年失意时"幸有意中人，堪寻访"的狎玩的兴趣已冷落荒疏，当日与他一起把酒的朋友也都不见了，一事无成，年华已过，只剩下了"不似少年时"的悲哀和叹息。

这首词，上阕从景写起，悲慨尽在言外；下阕以"归云"作比喻，写一切期望都落了空，最后三句是悲叹自己落拓无成。全词情景相生，虚实互应，是一首极能表现柳永一生的悲剧而艺术造诣又极高的好词。清谭献的《复堂词话》云："挑灯读宋人词，至柳耆卿云：'狎兴生疏，酒徒萧索，不似少年时。'语不工，甚可慨也。"所评极是。

再如《笛家弄·花发西园》：

花发西园，草薰南陌，韶光明媚，乍晴轻暖清明后。水嬉舟动，禊（xì）饮筵开，银塘似染，金堤如绣。是处王孙，几多游妓，往往携纤手。遣离人、对嘉景，触目伤怀，尽成感旧。

别久。帝城当日，兰堂夜烛，百万呼卢，画阁春风，十千沽酒。未省、宴处能忘管弦，醉里不寻花柳。岂知秦楼，玉箫声断，前事难重偶。空遗恨，望仙乡，一晌消凝，泪沾襟袖。

这首词写作者对狎妓生活的回忆。

词的上阕，写词人上巳日游春所见。"花发西园，草薰南陌，韶光明媚，乍晴轻暖清明后。"开端四句是说，春光明媚，晴空万里，花园内百花盛开，田间小路上芳草萋萋，这是一个春光明媚的日子。适逢农历三月三日上巳日，人们都到水边洗濯以祓（fú）除不祥。

"水嬉舟动，禊饮筵开，银塘似染，金堤如绣。"接下来四句是说，红男绿女，熙来攘往，络绎不绝。有的在水中荡舟，有的席地而坐饮宴；水塘之内如同烘染，土堤之上犹如锦绣。几句描写，禊宴盛况宛然如画。这是概写，下面几句特写："是处王孙，几多游妓，往往携纤手。"处处是纨绔子弟，手拉着花枝招展的游妓，招摇过市。对此情景，词人愤然有感："遣离人、对嘉景，触目伤怀，尽成感旧。"这样的冶游艳遇，词人也曾有过，但现在已成过眼烟云了，只能引起他对往事的回忆。

词的下阕，写词人对往事的回忆。"别久。"直承上阕末"感旧"而来，引起对往事的怀想："帝城当日，兰堂夜烛，百万呼卢，画阁春风，十千沽酒。""帝城"指北宋都城东京（今河南开封）。作者年轻时长期在东京生活，与歌伎交游甚密，有很多值得回忆的往事。于今词人怀念起来，还余香满口。试想当年在东京，雕梁画栋的厅堂内，红烛高照；幽深神秘的闺房中，满面春风。词人与其所钟情的歌伎们，以百万为赌注，大喊大叫，作掷骰之游戏，以十千为价，沽取美酒痛饮。极写当日欢会之胜。

"未省、宴处能忘管弦，醉里不寻花柳。"意谓因久别而追思当日宴处，即听歌观舞，醉里必寻花问柳，从未有忘此二事，故上加"未省"二字。以上数句，极写当年冶游狎妓之盛况。

但现已时过境迁，风光不再了："岂知秦楼，玉箫声断，前事难重偶。空遗恨，望仙乡，一晌消凝，泪沾襟袖。"以"岂知"转折，接言不料如此寂寥，文从字顺，一种惘然若失、无限怅惘之情流于笔端矣！

大家知道，毛泽东有两首青年时期写给夫人杨开慧的词《虞美人·堆来枕上愁何状》和《贺新郎·挥手从兹去》。这两首词从风格上看，无疑是属于婉约派的，而且从字句上也可以看出柳永的影响。例如《虞美人》中的"江海翻波浪"，似乎与柳永《凤栖梧·蜀锦地衣丝步帐》中"鸳鸯绣被翻红浪"有些联系。这首词中的"夜长天色总难明，寂寞披衣起坐数寒星"，可能也受了柳永《忆帝京》中"展转数寒更，起了还重睡"的某些启发。当然二者有很大不同。柳词此句只是对云情雨意的描绘，而毛泽东则是描写夫妻离别之愁状，与传统婉约派不同，他软中有硬，略显阳刚之气。而且，笔者还认为，毛泽东《贺新郎》和柳永《雨霖铃·寒蝉凄切》有颇多相似之处：二者在内容上都写和友人离别；在分别的方式上，一人乘船，一人坐车；在分别的时间上，一在傍晚，醒时已是"杨柳岸、晓风残月"，一是凌晨，还有"半天残月"；在分别的情态上，一是"执手相看泪眼，竟无语凝噎"，一是"汽笛一声肠已断"，感情都异常激动。从而在意境上形成不少一致之处。

（二）柳永词名篇欣赏

1."今宵酒醒何处？杨柳岸、晓风残月"

柳永特别擅长抒写羁旅行役之情，著名的《雨霖铃·寒蝉凄切》，景、事、情浑然一体，极富艺术感染力。他还写下了触景生情，把一生奔波漂泊的"游宦"经历及厌倦功名利禄的心情委婉表达出来的《八声甘州·对潇潇暮雨洒江天》等作品。这些被称为柳永代表作的词，毛泽东都多次圈画过[①]。

《雨霖铃·寒蝉凄切》是写词人离开北宋都城汴京（今河南开封），乘汴河船南下吴楚，与情人话别之作。其中"念去去千里烟波，暮霭沉沉楚天阔"，"今宵酒醒何处？杨柳岸、晓风残月"，为后人称道。毛泽东 1956 年 6 月写的《水调歌头·游泳》，有"极目楚天舒"句，当从此词"暮霭沉沉楚天阔"化出。1957 年 2 月 11 日，毛泽东在《致黄炎培》的一封信中说："游长江二小时漂三十多里才达彼岸，可见水流之急。都是仰游侧游，故用'极目楚天舒'为宜。"[②] 毛泽东曾在 1956 年 12 月将这首《水调歌头·游泳》录赠黄炎培。

现在我们先看《雨霖铃·寒蝉凄切》：

> 寒蝉凄切，对长亭晚，骤雨初歇。都门帐饮无绪，留恋处，兰舟催发。执手相看泪眼，竟无语凝噎。念去去千里烟波，暮霭沉沉楚天阔。

---

① 张贻玖：《毛泽东评点、圈阅的中国古典诗词》，中国工人出版社 1992 年版，第 177 页。

② 《毛泽东书信选集》，人民出版社 1983 年版，第 522 页。

多情自古伤离别，更那堪、冷落清秋节！今宵酒醒何处？杨柳岸、晓风残月。此去经年，应是良辰好景虚设。便纵有千种风情，更与何人说？

词的上阕，写一对恋人饯行时难分难舍的情状。起首三句点明离别的时间、地点、景物。"寒蝉凄切"，写眼前景物，点明时令。《礼记·月令》："孟秋之月，寒蝉鸣。"可见时间大约在农历七月。此句并直贯下阕"清秋节"，不但写所闻、所见，兼写所感。"长亭"，馆驿，古代送别的地方，点明送别之地，暗寓别情。"晚"字点明时间，为下面"催发"张本。人将离别，时值日暮，阵雨乍停，蝉声凄切。在送别的长亭，听到凄切蝉鸣，徒增悲凉，已为这首词定下了基调。

"都门"两句，摹写饯别时的心情。"都门"，点明是在北宋京都汴京近郊。"帐饮"，是别宴。"无绪"，是说喝饯别的酒，没有心绪。"兰舟"，相传鲁班刻木兰为舟，事见《述异记》。二句说长亭饯别，面对美味佳肴，二人全无兴致，因为分手在即。本来天色已晚，早就该走了，忽然又下了一阵急雨，乘此机会，又多留恋了一会儿。"骤雨"，可是很快雨又停了，舟子便催着起航，这就真该走了。"骤雨"是"留恋"之由，"初歇"是"催发"之因。驾船的，"催发"；乘船的，留恋。"留恋"，则不忍别；"催发"，则不得不别。主观意念与客观情势之矛盾，使别情达到高潮。

"执手相看泪眼，竟无语凝噎"，接下来二句，生动、细腻，摹写别情，奇妙无比。不仅写出了分手情侣当时的情状，而且暗示了他们极其复杂的内心情思。到诀别之时，手儿相执，泪眼相对，不但有话说不出来，而且甚至觉得千言万语也无法表达那浓厚的柔情蜜意，眉目传情，心领神会，无须说，也无法说，所以只好什么都不说了。苏轼《江城子》："相顾无言，唯有泪千行。"与此同意，不过一个说生离，一个写死别；一个含蓄蕴藉，一个爽快明朗，虽各臻其妙，但于此也可见婉约派与豪放派之分野。

"念去去"两句，"烟波"是水行之景，而加上"念去去"，则近景远景连成一片，有实有虚。"烟波"以"千里"形容，"暮霭"（傍晚的烟云之气）以"沉沉"状写，"楚天"以"阔"描状，都与"凝噎"的心情相契合。"执手"三句写情,"念去去"两句写景,结束了话别的场面。

至此正面描写话别已经尽致,因此换头以情起,推进一步。下阕首句"多情自古伤离别",泛论离情别绪,自古而然,即祖江淹《别赋》"黯然销魂者,惟别而已矣"之意。一语论定,概括了一条人生哲理,本是自慰自解,却颇能给人启迪。

"更那堪、冷落清秋节",又推进一层,说秋天作别尤为可悲,遥接上阕起句,针脚极为细密,而冠以"更那堪"三个虚字,更增加了感情色彩。

"今宵酒醒何处,杨柳岸、晓风残月"二句,为千古名句,也是设想将来,实景实写。"酒醒"遥接上阕"帐饮",说明虽然"无绪",但借酒浇愁,喝得还是不少,以至沉醉不醒。扁舟夜发,愁醉交加,恍恍惚惚,忽然醒来,想必是拂晓,所见唯有杨柳岸边的晓风残月而已。然而,情人何在?不用说已在"千里烟波"之外了。究其二句妙处,得力于白描和点染。其实"杨柳岸""晓风""残月",都是眼前之景,三种景物构成了一幅具有审美意义的图画,景物之清幽,离愁之绵邈,客情之冷落,全都凝聚在这幅画图之中。从局部来看,这是白描的功效。但此二句所以生色,还要放在整篇作品中来看,这就是点染的问题。清人刘熙载在《艺概·词曲概》中说:"词有点,有染。柳耆卿《雨霖铃》云:'多情自古伤离别,更那堪、冷落清秋节!今宵酒醒何处?杨柳岸、晓风残月。'上二句点出离别冷落,'今宵'二句乃就上二句意染之。点染之间,不得有他语相隔,隔则警句亦成死灰矣。"就是说先点出离情别绪,以感情贯注其间,再以具体物象来承载,情景妙合无垠,便创造了美妙的意境,这便是点染的效绩。

"此去"以下,放笔直写,由"今宵"想到"经年",由"千里烟波"想到"千种风情",由"无语凝噎"想到"更与何人说",都是由对照而深入一层,层层推进,步步积累,更见钟情之殷、离情之深,而归结全词,犹如骏马收疆,有住而不住之势;又如百川归海,有尽而未尽之致。真是余恨无穷,余味不尽。

2.《八声甘州·对潇潇暮雨洒江天》

我们再看《八声甘州·对潇潇暮雨洒江天》：

> 对潇潇暮雨洒江天，一番洗清秋。渐霜风凄紧，关河冷落，残照当楼。是处红衰翠减，苒苒物华休。惟有长江水，无语东流。
>
> 不忍登高临远，望故乡渺邈，归思难收。叹年来踪迹，何事苦淹留？想佳人、妆楼颙望，误几回、天际识归舟？争知我、倚阑干处，正恁凝愁！

柳永词成就最高的，是那些描写羁旅行役及离愁别恨的作品。这与他一生失意仕途，到处漂泊的经历有关。因为在漂泊不定的宦游生活中，很容易触景生情，产生离愁别绪。这首《八声甘州》就是这方面的代表作之一。该词抒发了离别后对心上人愁肠百结的思念。

词的上阕写景，下阕抒情，脉络清楚。

词的上阕以善用"领字"而著名。开头用一"对"字领起，描写深秋傍晚的江天景色，融情入景，为写游子的凄凉心情作了有力的铺垫。一个"对"字，已写出登临纵目，望尽天涯的境界。此时，天色已晚，暮雨潇潇，洒满江天，一望无际，时节已入深秋，本已天朗气肃，明净如水，却又经此一番秋雨冲洗，纤尘俱无。起首二句写雨后江天，用语简练，而又大气磅礴。

接着词人再以"渐"字领起，直贯而下，写一阵秋雨过后，霜凄风紧，山河冷落，西沉的太阳照射着楼头，一片苍茫肃杀的景色，构成了雄浑高远的意境。一向看不起柳永的苏轼也极为叹赏，认为"此语于诗句，不减唐人"。（赵令畤《侯鲭录》）这正说明宋词可与唐诗媲美。

以上是仰观，写远景；下面词人转换视角，变为俯察，写近景，所见处处是一片凋伤景象。"是处"，处处。"红衰翠减"，用李商隐《赠荷花》"翠减红衰愁煞人"诗意。是说触目处处是红花凋残、绿叶稀疏，不知不觉，一年好景又过去了。"物华"，指岁时景物。这是俯察所见之一，是从变处着眼。所见亦有不变的，那就是东流的长江水。"惟有长江水，无语东流"。正是苏轼《赤壁怀古》"大江东去，浪淘尽，千古风流人物"所本，当然苏轼对人生哲理的深沉思考则推进到更高的境界，但柳永也不是只知留恋光景的浅薄之辈，这从"无语"二字似可寻见端倪。

换头处，将上文一结，引起下文。词人已经登高临远了，偏又用"不忍"领起，又用宋玉《九辩》"登山临水兮送将归"引起"归思难收"诗意。虽已登临，偏说不忍，多一层曲折，多一层情致。

接下去，再用"叹"字领起，并用反问自问：既然那么思归，为什么又长期滞留在外呢？这里不明写不归的原因，却有更深沉丰富的内涵。

接着又用"想"字领起，本来是词人望她，却推己及人，想她也许在望我，行文便不板直。"想佳人、妆楼颙望，误几回、天际识归舟"，是柳词名句，本是自己思乡心切，却遥想心上人妆楼伫立，昂首凝望，有好几次都把远处天边的船只误认作词人的归舟，情至而感深。此二句造语之妙，也在于词人借鉴前代作家的技法。人们不难想到，南朝齐谢朓的《之宣城郡出新林浦向板桥》："天际识归舟，云中辨江树。"唐刘采春的《望夫歌》："朝朝江口望，错认几人船。"与此二句意近，可以明显看出其承传关系。至于在意境的创造上，则多得于唐温庭筠《梦江南》："梳洗罢，独倚望江楼，过尽千帆皆不是，斜晖脉脉水悠悠，肠断白蘋洲。"可见真正的艺术创造要经过众多艺术家的努力，往往是集体智慧的结晶。

结句又由想象回到现实，由心上人回到自己："争知我、倚阑干处，正恁凝愁！""争"，怎么。"恁"，如此，这样。末三句是词人内心倾诉，怎么知道我，在登临之际，正这样愁肠百结，难以排遣。"倚阑干处"，不仅回应开头，而且与"对"、与"当楼"、与"望"、与"叹"、与"想"，皆息息相关，笔笔辉映。把词人一腔心事，唱叹无端的情思表现得淋漓尽致。清沈祥龙的《论词随笔》曰："词韶丽处，不在涂脂抹粉也。……诵耆卿'渐霜风凄紧，关河冷落，残照当楼'句，自觉神魂欲断。盖皆在神而不在迹也。"

词人这类词作还不少，如《诉衷情近·雨晴气爽》《阳台路·楚天晚》《玉蝴蝶·远岸收残雨》《夜半乐·冻云黯淡天气》等都是名篇。

3. 毛泽东"曾用5页8行竖写信笺手书全词"《望海潮·东南形胜》

柳永还有一些描写风物的词作，写得也很精彩。例如《二郎神·炎光谢》，是一首咏七夕的词作；《木兰花慢·拆桐花烂漫》是一首描绘汴京清明节京都人们游乐盛况的词作；《应天长·残蝉渐绝》是写重阳秋景的；《望远行·长空降瑞》是描写冬天雪景的，特别是词人那首《望海潮·东南形胜》，词人以大开大合、对仗铺陈的笔法，描绘了当时的东南重镇杭州的繁荣景象和山水形胜，在读者面前展现了一幅宏伟壮丽的都市生活画卷。据罗大经《鹤林玉露》卷十三载："此词流播，金主亮闻歌，欣然有慕于'三秋桂子，十里荷花'，随起投鞭渡江之志。"这当然不免有些夸张，但也说明这首词具有强大的艺术感染力。毛泽东对柳永的这首杰作十分欣赏，曾用5页8行竖写信笺手书全词，笔酣墨饱，是他书法中的成功之作[1]。

柳永的《望海潮·东南形胜》原文是：

> 东南形胜，三吴都会，钱塘自古繁华。烟柳画桥，风帘翠幕，参差十万人家。云树绕堤沙，怒涛卷霜雪，天堑无涯。市列珠玑，户盈罗绮，竞豪奢。
>
> 重湖叠巘（yǎn）清嘉，有三秋桂子，十里荷花。羌管弄晴，菱歌泛夜，嬉嬉钓叟莲娃。千骑拥高牙。乘醉听箫鼓，吟赏烟霞。异日图将好景，归去凤池夸。

柳永生活的宋仁宗时期，北宋建国已经80多年，出现了很多人民安定、经济繁荣的繁华都市，像京城东京（今河南省开封市）、钱塘（今浙江省杭州市）等。柳永长期浪游于都市之中，凭着自己亲身的体验，创作了一些描写都市生活、山川形胜的慢词，如《玉蝴蝶·望断雨收云断》《安公子·远岸收残雨》《戚氏·晚秋天》《竹马子·登孤垒荒凉》等等。而以

---

① 中央档案馆编：《毛泽东手书选集·古诗词》下册，北京出版社1994年版，第100—104页。

《望海潮》最为人们所称道。可以毫不夸张地说,《望海潮》写杭州,与张择端的《清明上河图》画东京,同样具有不朽的价值。

词的上阕,侧重写杭州的繁华景象。"东南形胜,三吴都会,钱塘自古繁华",开头三句就从大处落墨,勾勒杭州(钱塘)全貌。它既是东南一带冲要之地,又是三吴(吴兴郡、吴郡和会稽郡)的都会,地理位置非常优越。第三句又交代了这个位于钱塘江畔的名城,历史悠久,历来都很繁华,从未萧条过。从空间和时间两个方面写出了杭州的重要。其中"形胜""繁华"是全篇的主脑。入手擒题,以阔大的气势笼罩全篇,为下边进一步的铺写拓平了道路。

接下来"烟柳画桥"等三句,写含烟的杨柳、彩饰的桥梁,这是城外观赏之地;"风帘翠幕",写挡风的竹帘、绿色的帷幕,这是城内居住之区;"参差十万人家",状城中十万人家参差不齐的房舍,更是对杭州繁盛景象的具体描绘。南宋笔记《西湖老人繁胜录》:"回头看城内山上,人家层层迭迭,观宇楼台参差如花落仙宫。"可证柳永的描绘,并非只是夸饰。

"云树绕堤沙"等三句,又推开一层,由市内说到市外,写钱塘江之险要。入云的高树环绕着曲曲折折的江堤沙路,是江边;奔腾的怒涛卷着似雪的浪花,是江中;"天堑",原意是天然的深沟,是说长江的。《南史·孔范传》:"长江天堑,古来险隔……"极言长江之险要,移之钱塘江,也十分恰切。

"市列珠玑"等三句,写杭州市面的富庶。词人抓住陈列的珠宝众多和服饰精美两个方面来写,又缀以"竞豪奢",既表现了都市的繁荣、市民的殷富,又突出杭州作为消费城市的特点。

下阕分两层。"重湖叠巘清嘉"等三句,就西湖本身来写。西湖中的白堤,把湖面分成内湖、外湖,故称"重湖"。湖周围有灵隐山、南屏山、慧日峰等山峰互相遮掩,故称"叠巘"。湖山之美,又以"清嘉"二字概括。

接下二句,顺承山湖来写。"三秋桂子",写桂花飘香之久,和"叠巘"相应;"十里荷花",写荷花种植之广,与"重湖"相关。桂子、荷花,是代表杭州风物之美的典型景观。白居易《忆江南》:"江南忆,最忆是杭州。山寺月中寻桂子,郡亭枕上看潮头。"突出写了桂子。晚于柳永的南宋诗人杨万里《晚出静慈寺送林子方》:"毕竟西湖六月中,风光不与四时同。接天莲叶无穷碧,映日荷花别样红。"则突出写了荷花,说明诗人们所见略同。两种景物构成的杭州风物之美,产生了强烈的审美效果。

"羌管弄晴"等三句则由物及人,写西湖人们的欢乐之情。二句互文见义,是说无论是白天还是夜晚,都是笛声悠扬、歌声嘹亮,无休无止。"嬉嬉钓叟莲娃",交代歌吹的主人是钓鱼的老汉、采莲的姑娘,即普通的劳动人民。他们面带笑容,生活得很愉快。这大概多少有点粉饰的成分,也暗示了达官贵人们逸乐。

"千骑拥高牙"以下五句是第二层,交代写作的原因和意图。据罗大经《鹤林玉露》记载,这首词原是献给当时驻节杭州的两浙节度转运使孙何的。所以词末难免对孙何有所称颂。"千骑拥高牙",即成千的马队簇拥着高大的牙旗。只此一句,就写出了孙何煊赫的声势。"乘醉"二句是说,这位高官在后,酒醉之中,就听听音乐、看看风景。本是写孙何的悠然自得,却把杭州的美好图景也写出来了。末二句是对孙何的良好祝愿。"图将",画出。"凤池",即凤凰池,是唐宋时期中央政府最高行政机关——中书省的美称。"归去凤池",意谓祝他上调中央,入朝执政。到那时当然要离开杭州了,但杭州的风景毕竟太好了,不能观赏将是憾事。所以只好将这"好景"画下来,带进京去,既可随时卧游,又可向同僚夸赞。说的虽然都是不可缺少的应酬话,但归结到对杭州的赞美,与全词的主调和谐一致,所以不觉其谀。从结构上看,也与开端遥相呼应,显得非常完美。

(三)"李清照,不仅词写得好,而且很有爱国思想"

婉约派的另一位代表是女词人李清照。李清照(1084—1155),号易安居士,生于济南西南的柳絮泉,宋代词人。她工诗、能文,更擅长词。诗文不多,部分篇章感时咏史,情辞感慨。其词,前期多写悠闲生活,语新意隽;后期多感叹身世,情调感伤。形式上巧于构思,多选取一些生活片段，善用白描手法，语言清丽、工巧，极富音乐美，被称为"易安体"。著有《易安居士集》《易安词》，已散佚。后人有《漱玉词》辑本。

1952年10月27日，毛泽东来到山东济南。他游览济南几处名泉时，看了漱玉泉。这个泉是为了纪念北宋女词人李清照命名的。毛泽东看后，说："李清照，不仅词写得好，而且很有爱国思想。"

毛泽东也很喜欢李清照的词，在清人朱彝尊等编选的《词综》中，一共圈阅她10首词，对有些词篇还是反复圈画的。

毛泽东圈阅的《凤凰台上忆吹箫·香冷金猊》，抒写了词人与丈夫的离别之苦，其词原文是：

> 香冷金猊，被翻红浪，起来慵自梳头。任宝奁尘满，日上帘钩。生怕离怀别苦，多少事、欲说还休。新来瘦，非干病酒，不是悲秋。
>
> 休休！这回去也，千万遍《阳关》，也则难留。念武陵人远，烟锁秦楼。唯有楼前流水，应念我、终日凝眸。凝眸处，从今又添，一段新愁。

李清照与赵明诚婚姻美满，情深意笃。心爱的丈夫即将出游，作为妻子，情知无法挽留，离恨别苦自然难以尽述。此词写与丈夫分别时的痛苦心情，曲折婉转，满篇情至之语，一片肺腑之言。

《凤凰台上忆吹箫》是宋词中的词牌名，亦是古代流行一时的洞箫曲，与《梅花三弄》《高山流水》《阳春白雪》等齐名。关于凤凰台，其实还有一个很美丽的历史典故。

相传战国时期，秦穆公有个小女儿，因自幼爱玉，故名弄玉。弄玉不仅姿容绝代、聪慧超群，于音律上更是精通。她尤其擅长吹笙，技艺精湛，国内无人能出其右。弄玉及笄后，穆公要为其婚配，无奈公主坚持若不是懂音律、善吹笙的高手，宁可不嫁。穆公珍爱女儿，只得依从她。一夜，弄玉一边赏月一边在月光下吹笙，却于依稀仿佛间闻听有仙乐隐隐与自己的玉笙相和，一连几夜都是如此。弄玉把此事禀明了父王，穆公于是派孟明按公主所说的方向寻找，一直寻到华山，才听见樵夫们说："有个青年隐士，名叫萧史，在华山中峰明星崖隐居。这个青年喜欢吹箫，箫声可以传出几百里。"孟明来到明星崖，找到了萧史，把他带回秦宫。

萧史与弄玉成婚后，教弄玉吹箫学凤的鸣声。学了十几年，弄玉吹出的箫声和真的凤凰叫声一样，甚至把天上的凤凰都引下来了。秦穆公专门为他们建造了一座凤凰台，这就是凤凰台的由来。萧史和弄玉住在凤凰台上，一连几年不饮不食，亦不下台。有一天，二人笙箫相和后，竟引来金龙紫凤，萧史乘龙，弄玉跨凤，双双升空而去。成语"乘龙快婿""龙凤呈祥"便是因此而来。

关于萧史其人，最早记载见于汉朝时刘向的《列仙传卷上·萧史》。原文为："萧史善吹箫，作凤鸣。秦穆公以女妻之，作凤楼，教弄玉吹箫，感凤来集，弄玉乘凤，萧史乘龙，夫妇同仙去。"后来的《东周列国志》，将这一奇事详细叙述，作"弄玉吹箫双跨凤，赵盾背秦立灵公"一章，很多人都是从此书中了解到这段轶事的。

这首词大概作于词人婚后不久，赵明诚离家远游之际，写出了她对丈夫的深情思念。

词的上阕写离别时的情景。"香冷金猊，被翻红浪"，开端二句给人以冷漠凄清的感觉。金猊，指狻猊（狮子）形铜香炉。"被翻红浪"，语本柳永《凤栖梧》："鸳鸯绣被翻红浪。"说的是锦被胡乱地摊在床上，在晨曦的映照下，波纹起伏，仿佛卷起层层红色的波浪。金炉香冷，反映了词人在特定心情下的感受；锦被乱陈，是她无心折叠所致。"起来慵自梳头"，则全写人物的情绪和神态。这三句工练沉稳，在舒徐的音节中寄寓着作者低沉掩抑的情绪。

"任宝奁尘满，日上帘钩"，接下来二句则又微微振起，恰到好处地反映了词人情绪流程中的波澜。然而，她内心深处的离愁还未显露，给人的印象只是慵怠或娇慵。慵者，懒也。其"懒"表现有五：炉中香消烟冷，无心再焚，一也；床上锦被乱放，无心折叠，二也；鬟鬓蓬松，无心梳理，三也；宝镜尘满，无心拂拭，四也；而日上三竿，犹然未觉光阴催人，五也。慵而至于"任"，则其慵态已达极点矣。词人大写其"慵"，目的仍在写愁。"慵"字乃是"词眼"，使读者从人物的慵态中感到她内心深处有个愁在。

　　"生怕离怀别苦"三句是说，很怕万种离别之思，一腔愁情哀怨，本待在丈夫面前尽情倾吐，可是话到嘴边，又吞咽下去。词情又多了一层波折，愁苦又加重了一层。因为许多令人不快的事儿，告诉丈夫只会给他带来烦恼。

　　"新来瘦，非干病酒，不是悲秋。"她先从人生的广义概括致瘦的原因：有人是因"日日花前常病酒，不辞镜里朱颜瘦"（冯延巳《鹊踏枝》），有人是因"万里悲秋常作客，百年多病独登台"（杜甫《登高》），而自己却是因为伤离惜别这种不足与旁人道的缘由。

　　下阕设想别后情形。"休休！这回去也，千万遍《阳关》，也则难留。"《阳关》，即《阳关曲》，又称《渭城曲》。因唐王维《送元二使安西》诗"渭城朝雨浥轻尘，客舍青青柳色新。劝君更尽一杯酒，西出阳关无故人"而得名。后入乐府，以为送别之曲，反复诵唱，遂谓之《阳关三叠》。这几句是说，罢了，罢了！既然丈夫去意已决，离歌唱了千千遍，终难挽留，惜别之情，跃然纸上。

　　"念武陵人远，烟锁秦楼"，接下来用两个典故，把双方别后相思的感情作了极其精确的概括。武陵人，用刘晨、阮肇典故，借指心爱之人。秦楼，已见前文。李清照化用此典，既写她对丈夫赵明诚的思念，也写赵明诚对其妆楼的凝望，丰富而又深刻。同时，后一个典故，还暗合调名，照应题意。

　　"唯有楼前流水，应念我、终日凝眸"三句是说，她心中的"武陵人"越走越远了，人影消失在迷蒙的雾霭之中，她一个人被留在"秦楼"之中，整天呆呆地倚楼凝望着。她那盼望的心情，无可与语；她那凝望的眼神，无人理解。唯有楼前流水，映出她终日倚楼的身影，印下她钟情凝望的眼神。流水无知无情，怎会记住她终日凝眸的情态，这真是痴人痴语啊！

　　"凝眸处，从今又添，一段新愁。"词笔至此，主题似已完成了，而结尾三句又使情思荡漾无边，留有不尽意味。凝眸处，怎么会又添一段新愁呢？自从得知赵明诚出游的消息，她就产生了"新愁"，此为一段；赵明诚走后，洞房空设，佳人独坐，此又是"新愁"一段。从今而后，山高路远，枉自凝眸，其愁将与日俱增，愈发无从排遣了。

这首词表达感情绵密细致，抒写离情婉转曲折，用语清新流畅，舒卷自如，具有感人的艺术魅力。

《一剪梅·红藕香残玉簟秋》抒发了与丈夫离别后的相思之情，其原文是：

> 红藕香残玉簟秋，轻解罗裳，独上兰舟。云中谁寄锦书来？雁字回时，月满西楼。
>
> 花自飘零水自流，一种相思，两处闲愁。此情无计可消除。才下眉头，却上心头。

这首词作于李清照和丈夫赵明诚离别之后，寄寓着作者不忍离别的一腔深情，是一首工巧的别后相思之作。

词的上阕写别后的情景。"红藕香残玉簟秋"，起句领起全篇，上半句"红藕香残"写户外之景，下半句"玉簟秋"写室内之物，对清秋季节起了点染作用。全句设色清丽、意象蕴藉，不仅刻画出四周景色，而且烘托出词人情怀。花开花落，既是自然界现象，也是悲欢离合的人事象征；枕席生凉，既是肌肤间的触觉，也是凄凉独处的内心感受。起句为全词定下了幽美的抒情基调。

接下来的"轻解罗裳"五句，按顺序写词人从昼到夜一天内所做之事、所触之景、所生之情。前两句"轻解罗裳，独上兰舟"，写的是白天在水面泛舟之事，以"独上"二字暗示处境，暗寓离情。下面"云中谁寄锦书来"一句，则明写别后的悬念。接以"雁字回时，月满西楼"两句，构成一种目断神迷的意境。按顺序，应是月满时，上西楼，望云中，见回雁，而思及谁寄锦书来。"谁"字自然暗指赵明诚。但是明月自满，人却未圆；雁字空回，锦书无有，所以有"谁寄"之叹。说"谁寄"，又可知是无人寄也。词人因惦念游子行踪，盼望锦书到达，遂从遥望云空引出雁足传书的遐想。而这一望断天涯、神驰象外的情思和遐想，无时无刻不萦绕于词人心头。

"花自飘零水自流"，换头处此句，承上启下，词意不断。它既是即景，又兼比兴。其所展示的花落水流之景，是遥遥与上阕"红藕香残""独上兰舟"两句相拍合的；而其所象喻的人生、年华、爱情、离别，则给人以凄凉无奈之恨。

下阕自此转为直接抒情，用内心独白的方式展开。

"一种相思，两处闲愁"二句，在写自己的相思之苦、闲愁之深的同时，推己及人，想到丈夫赵明诚，深知这种相思与闲愁不是单方面的，而是双方面的，足见两人心心相印。这两句也是上阕"云中"句的补充和引申，说明尽管天长水远，锦书未来，而两地相思之情初无二致，足证双方情爱之笃与彼此信任之深。这两句既是分列的，又是合一的。合起来看，从"一种相思"到"两处闲愁"，是两情的分合与深化。其分合，表明此情是一而二、二而一的；其深化，则诉说此情已由"思"而化为"愁"。下句"此情无计可消除"，紧接这两句。正因人已分在两处，心已笼罩深愁，此情就当然难以排遣，而是"才下眉头，却上心头"了。

词人对于丈夫的这种深情厚爱，在其丈夫去世之后，就表现为深刻的追忆和怀念。例如《武陵春·风住尘香花已尽》：

> 风住尘香花已尽，日晚倦梳头。物是人非事事休，欲语泪先流。
> 闻说双溪春尚好，也拟泛轻舟。只恐双溪舴艋舟，载不动、许多愁。

这首词是宋高宗绍兴五年（1135）作者避难居浙江金华时所写。当时词人国破家亡，人事沧桑。金人的残暴侵略、统治集团的昏庸无能，给李清照的生活带来了种种不幸，所以词情极其悲苦。

"风住尘香花已尽"，词的上阕开头先由暮春凄凉衰败的景象写起。在一场狂风肆虐之后，落红遍地，春花凋零。"日晚倦梳头"，次句写词人懒于梳妆打扮。与作者《凤凰台上忆吹箫》中的"起来慵自梳头"、《浣溪沙》中的"髻子伤春懒更梳"相比，字面意思相同，但所表达的感情已有根本的区别。这里的"倦"，是年已半百的词人在历经磨难、饱受忧患之后身心的疲惫不堪。

"物是人非事事休，欲语泪先流"，二句抒词人的凄苦之情。山河依旧，国破家亡；丈夫已逝，无依无靠；再嫁离异，飞短流长；颠沛流离，晚境凄凉。只身流落到金华的词人触景生情，悲从中来，感到一切都完了。她多想把满腔的哀怨悲伤倾诉出来，然而这一切又无从说起，所以话未出口，那辛酸的泪水已夺眶而出。想说而终不知如何说，可见痛苦之甚。"欲语泪先流"，写人的外部动作和表情。与作者《凤凰台上忆吹箫·香冷金猊》中的"欲说还休"相比，后者是暂以理智控制住了感情，因为那毕竟是"生离别苦"；而现在悲伤的程度已难以控制，满腹的忧愁哀痛顿时化作泪水倾泻出来。

"闻说双溪春尚好，也拟泛轻舟"，下阕起首二句，作者笔锋一转，将眼前的境况先抛开，放开一步来写。听人说双溪那个地方春景还好，也打算去划船。言外之意，是企图在美丽的湖光山色之中，减轻一些痛苦。青少年时期的李清照是很喜欢划船游玩的，她"常记溪亭日暮"，"兴尽晚回舟"。但在饱尝人生的凄风苦雨之后，今天她还想不想出游呢？"也拟"二字，很传神地表现了作者此时的心情。她也曾打算去，但终于没有去。这又是为什么呢？

"只恐双溪舴艋舟，载不动许多愁"，结末二句揭出不能前去划船的原因。在诗词表现愁的方法上，李清照学习前人技法，又匠心独运，戛戛独造，创造出一个新的艺术境界。李后主《虞美人》曾有"问君能有几多愁？恰似一江春水向东流"，是以江水之多比愁之多。宋初郑文宝《柳枝词》中的"不管烟波与风雨，载将离恨过江南"，开始把离愁别绪用船载。李清照则不仅把"愁"放到船上，并且赋予"愁"以重量，变精神为物质，将抽象的感情具体化、形象化。到后来，董解元《西厢记诸宫调》中的"休问离愁轻重，向个马儿上驮也驮不动"，则又把"愁"，从船上卸下，驮在马背上。王实甫《西厢记》中的"遍人间烦恼填胸臆，量这些大小车儿如何载得起"，则又把"愁"从马背上卸下，装在车子上。从中可以看出，文艺技法的继承与发展是一个不断积累的过程。

（四）李清照词名篇欣赏

1."莫道不销魂，帘卷西风，人比黄花瘦"

毛泽东在战争年代，对李清照的婉约词不大感兴趣，而对她的爱国思想评价很高。1929 年 9 月 9 日，毛泽东和傅柏翠（红四军第四纵队司令员兼党代表）伫立在上杭临江城楼上，在谈论了菊花诗后，毛泽东问："菊花词呢?"

傅柏翠说："李清照有一首写到菊花的词：'莫道不销魂，帘卷西风，人比黄花瘦。'"

毛泽东说："她的这首词叫人打不起精神来。我倒喜欢她的'生当作人杰，死亦为鬼雄'的名句，可惜不是咏菊的。"①

毛泽东引用的两句诗，见于李清照的《夏日绝句》。全诗是这样的：

生当作人杰，死亦为鬼雄。
至今思项羽，不肯过江东。

这首绝句通过对项羽"不肯过江东"的赞扬，批判了张邦昌的伪楚政权，指责南宋统治集团的屈辱投降政策，表达了自己坚持民族气节的决心，洋溢着高昂的爱国主义精神，所以受到毛泽东的赞扬。而毛泽东不大喜欢的那首词名曰《醉花阴》。

这首词是李清照南渡前的作品，抒写重阳佳节前对在外做官的丈夫的思念，是其婉约词风的代表作，凄婉哀怨，其中"莫道不销魂，帘卷西风，人比黄花瘦"这一千古绝唱，刻画出一位旧社会多才多艺的女性，在不幸命运前孤独寂寞的形象。在战争年代，毛泽东觉得让人打不起精神，显然是不错的；但文学欣赏往往因人因地而异，随着时代的变化，他对这首词的感受也不同了。毛泽东对这首词的喜爱，表现在他的藏诗中，凡载

---

① 罗永常：《毛泽东的梅菊情》，《党史文苑》2000 年第 1 期。

有这首词的集子中，都留有他圈画的手迹。①

我们看毛泽东在不同时代和地点，对李清照这首《醉花阴》评价是不同的。我们先看一看这首词：

> 薄雾浓云愁永昼，瑞脑消金兽。佳节又重阳，玉枕纱橱，半夜凉初透。
>
> 东篱把酒黄昏后，有暗香盈袖。莫道不销魂，帘卷西风，人比黄花瘦。

这首词是作者早期和丈夫赵明诚分别之后所写，它通过悲秋伤别来抒写词人的寂寞与相思情怀。早年，李清照过的是美满的爱情生活与家庭生活。作为闺阁中的妇女，由于遭受封建社会的种种束缚，她们的活动范围有限，生活阅历也受到重重约束，即使像李清照这样的上层知识妇女，也毫无例外。因此，相对说来，她们对爱情的要求就比一般人要求更高些，体验也更细腻一些。所以，当作者与丈夫分别之后，面对单调的生活，便禁不住要借惜春悲秋来抒写自己的离愁别恨了。这首词，就是这种心情的反映。

上阕写秋凉情景。"薄雾浓云愁永昼，瑞脑消金兽"，起首二句就白昼天气来写："薄雾浓云"不仅布满整个天宇，更罩满词人心头；"瑞脑消金兽"转写室内之景，香炉内香烟袅袅，香炉边女主人精神恍惚。既写出了时间的漫长，又烘托出环境的凄寂。

"佳节又重阳，玉枕纱橱，半夜凉初透"，接下来三句从夜间着笔，先点明节令："佳节又重阳"。重阳节是家人团圆、朋友聚会的时候，如今重阳节又到了，词人却孤身独守，长长的白天已很难熬，漫漫黑夜更难消磨。玉枕孤眠，纱橱独寝，睡到半夜就被冻醒了。这不仅写出了透入肌肤的秋寒，也暗示词中女主人公的凄凉心境。而贯穿"永昼"与"夜"的则

---

① 张贻玖：《毛泽东评点、圈阅的中国古典诗词》，中国工人出版社1992年版，第185页。

是"愁""凉"二字。深秋的节候、物态、人情,已宛然在目。这是构成下阕"人比黄花瘦"的原因。

下阕写重九感怀。"东篱把酒黄昏后,有暗香盈袖",起首二句写重九赏菊饮酒。古人在农历九月九日这天,有赏菊饮酒的风习。唐代诗人孟浩然《过故人庄》中就有"待到重阳日,还来就菊花"之句。宋时,此风不衰。所以重九这天,词人照样要"东篱把酒"直饮到"黄昏后",菊花的幽香盛满了衣袖。这两句写的是佳节依旧,赏菊依旧,但人的情状却有所不同了。

"莫道不销魂,帘卷西风,人比黄花瘦",结末三句是警句。比喻的巧妙也是这些警句广泛传诵的重要原因之一。古诗词中以花喻人瘦的作品屡见不鲜。如"人与绿杨俱瘦"(宋无名氏《如梦令》),"人瘦也,比梅花、瘦几分"(宋程垓《摊破江城子》),"天还知道,和天也瘦"(秦观《水龙吟》)等等。但比较起来却均未及李清照写得这样成功。原因是,这首词的比喻与全词的整体形象结合得十分紧密,极切合女词人的身份和情致,读之亲切。她使读者仿佛看到,西风轻吹,珠帘半卷,一位多愁善感、情思如缕、凝目黄花的少妇形象生动地立在面前。

元伊士珍《琅嬛记》有如下一段故事:"易安以重阳《醉花明》词函致赵明诚。明诚叹赏,自愧弗逮,务欲胜之。一切谢客,忌食忘寝者三日夜,得五十阕,杂易安作以示友人陆德夫。德夫玩之再三,曰:'只三句绝佳。'明诚诘之。答曰:'莫道不销魂,帘卷西风,人比黄花瘦。'正易安作也。"不论这一故事的可信程度如何,单从这故事的流传就足以说明李清照的生活体验不是一般文人所能体验得了的;她的艺术风格与艺术技巧,也不是一般词人所能模仿得了的。词里出现的那种多愁善感、弱不禁风的闺阁美人形象,也正是这样创造出来的。因为这一形象是封建社会特定历史时期与特定阶层的产物。

2."'悽悽惨惨,冷冷清清'那并不见得好"

1958年3月18日,在中共中央召开的成都会议上,毛泽东在陈伯达发言时插话说:"有两个问题。一个问题可以这么看,同帝国主义争时间、争速度。假如帝国主义都搞掉了，也是两种办法：一种是干劲十足，群众路线，在轰轰烈烈热潮中前进。另一种是'寻寻觅觅，冷冷清清，凄凄惨惨戚戚，乍暖还寒时候，最难将息'。也可以是这样一条路线。'悽悽惨惨，冷冷清清'，那并不见得好。这是宋朝女诗人李清照的一首词，她是个寡妇。这首词可能是金兵打杭州，把宋高宗追到海里头那个时候写的。是以一个寡妇面孔、寡妇心情来建设社会主义，还是另外一种心态建设社会主义。"①

同年3月20日，毛泽东在成都会议的一次讲话中，谈到要实干，不要一阵风，大家抢先，各省都要争个第一时，引用"状元三年一个，美人千载难逢"的话语，并指出，我们做工作要轰轰烈烈、高高兴兴，不要"寻寻觅觅，冷冷清清"②。

毛泽东在讲话中所引几句见于李清照的《声声慢》词。原文是：

> 寻寻觅觅，冷冷清清，凄凄惨惨戚戚。乍暖还寒时候，最难将息。三杯两盏淡酒，怎敌他，晚来风急？雁过也，正伤心，却是旧时相识。
>
> 满地黄花堆积，憔悴损，如今有谁堪摘？守着窗儿，独自怎生得黑？梧桐更兼细雨，到黄昏、点点滴滴。这次第，怎一个愁字了得！

《声声慢》，词牌名，又名《胜胜慢》。双调97字或99字等，有平韵、仄韵两体，仄韵例用入声。

宋钦宗靖康二年（1127），金兵攻陷北宋都城汴京，宋王朝统治政权被迫南迁，史称"靖康之难"。南渡后不久，词人的丈夫赵明诚染病身亡，接着金兵乘势南下。李清照遭逢了国破家亡、背井离乡、颠沛流离之苦。晚年孑然一身，使她陷于极度的辛酸、苦痛之中。这首《声声慢》词，抒

① 李锐：《"大跃进"亲历记》，上海远东出版社1996年版，第206页。
② 董学文、魏国英编著：《毛泽东的文艺美学活动》，高等教育出版社1995年版，第179页。

三、『柳、李的作品只讲爱情』

写了词人寂寞、孤苦、凄凉、悲痛的情怀。

"寻寻觅觅，冷冷清清，凄凄惨惨戚戚"，上阕起头三句就出手不凡，一连用了七组叠字，给人以出其不意、突如其来之感，好似突然听到作者从心底发出的悲痛哀音，她泣不成声，在喃喃诉说。

"寻寻觅觅"，描写人物的动作。主人公若有所失，似在寻找。是寻找她曾经有过的幸福生活？是那已经去世的丈夫？还是在战乱中丧失殆尽的书画文物？……她神情恍惚，没有目的，没有方向，连自己也难以说清的"寻觅"，形象地表现了主人公孤寂、冷落、无以寄托的精神状态。"冷冷清清"，是作者在"寻觅"过程中的心灵感触，也是她对自身所处环境的真切感受，是内感与外感的同时呈现。"凄凄惨惨戚戚"，是"寻寻觅觅"的结果，也是前两句内容的自然延伸。至此，仅仅 14 个字，就使主人公在情绪、心理上完成了一个大幅度的跨越。

如果说在"寻觅"的过程中她还对生活、对明天抱有希望和幻想，可残酷无情的现实却使她屡遭打击，彻底失望。晚年的李清照孤苦伶仃、无依无靠，不仅遭逢了古代妇女在那个时代最不幸的遭遇，而且作为一个能诗善词、才华出众、不愿做传统性别规范的女词人，当时还不断受到来自封建卫道者的讽刺、挖苦和诽谤。她要活下去，就要同不幸的命运、同使她身心备受伤害的恶劣环境作坚韧的抗争。然而，这一天天是多么不容易熬啊！尤其是在"乍暖还寒时候，最难将息"，忽冷忽热、似暖非暖的日子，最难以使人适应。她感到周身寒冷，浑身上下不舒服。但总得想办法活下去。她本想饮酒御寒，可"三杯两盏淡酒"，虽稍有暖意，却怎能抵挡住傍晚猛烈的狂风袭击？至此，我们看到晚年的词人，其生存是多么艰辛，力量是如此微薄，愁苦又是那样沉重！这里，作者在语意上埋怨酒量少、酒性淡、凄寒难挨，实际上暗喻在生活的逆境中，痛苦沉重、难以承受，接下来"雁过也"，似乎要转换语气、打破沉寂，可凄厉的长空雁鸣又唤起了词人对往事的回忆。当年一次次云中传书、寄托离愁别恨，如今满腹的哀怨愁苦向何人诉说？目送大雁成行结队飞去，更使人失意、怅惘，伤心不已。"正伤心，却是旧时相识"。可怜的候鸟，它们也是从北方来到南方避难的，"同是天涯沦落人"！人与鸟儿的命运相似，顿使人感慨万千，更增加作者对故土、对亡夫的深深怀念。

"满地黄花堆积"，下阕开头，作者将视线由空中移向眼前。"黄花"在李清照作品中不止出现一次，词人似与黄花有缘。据说，她在 31 岁时所画的一幅小像就手执菊花一束。大概是因菊花清香、俊雅，李清照很喜欢菊花。然而，眼前的菊花却已无"暗香盈袖"，而是"憔悴损"。昔日迎风傲霜、潇洒竞放的遍地黄花，如今几经风吹霜打，已萎缩残败，一片萧瑟，还有谁去采摘、去欣赏呢？作者以花喻人，比拟自己的苦况。当年因离愁相思的折磨而"人比黄花瘦"的李清照，如今已是身心困顿、风烛残年。剩下的日子可怎么熬过？"守着窗儿，独自怎生得黑？"作者在痛苦地呼唤，这心声发自肺腑；作者在愤怒地倾诉，这不平出自真情。在封建专制社会，在多灾多难的战乱年代，许许多多丧夫失家、无儿无女、孤苦伶仃的年迈妇女，就是这样地"独自""守着窗儿"，白天黑夜的苦苦煎熬，打发余生。

"梧桐更兼细雨，到黄昏、点点滴滴。"这一句又连用两组叠字，既有如闻其声之感，又增强了感情的表达分量。那点点滴滴、无休无止、敲打在梧桐叶上的凄厉雨声，撞击着作者那满是创伤的心。难挨的黄昏、无情的风雨、冷酷的现实，一刻不停地在折磨着一颗几乎要破碎的心。"这次第，怎一个愁字了得！"作者难以再叙说下去，也实在难以说清聚集在胸中的种种复杂感受。这一切，又岂是用一个"愁"字能概括得了的呢？词戛然而止，以少胜多。"愁"字在这里起到了画龙点睛的作用。它提示了整篇作品所要表达的情绪感受，调动了读者的全部想象力和感受力，给人以无限回味的余地。

成都会议，指中共中央 1958 年 3 月 8 日至 26 日在成都召开的由中央有关部门和各省市、自治区党委第一书记参加的工作会议。在会议期间，毛泽东共作了四次讲话，除了讲一些具体工作问题外，肯定"只要总路线正确"（多快好省，鼓足干劲，力争上游），并提出了"十五年赶上英国"的口号，认为"路线由于群众斗争和我们的思想反映已开始形成"。1958年 5 月 5 日至 23 日中共八大二次会议上，毛泽东又作了四次讲话，破除迷信，解放思想，又提出"十五（年）赶上美国，可能的"，会议通过了鼓足干劲，力争上游，多快好省地建设社会主义总路线，一个轰轰烈烈的"大跃进"运动便开始了。这"大跃进"事实上成了一场大灾难，这是后来才认识到的。当时认为是对的，毛泽东正是在这个意义上批评了李清照词中描绘的那种萎靡不振的心态。

郭沫若后来写了一首《声声快》：

> 磊磊落落，正正堂堂，处处轰轰烈烈，六亿人民跃进，天崩地裂。一穷二白面貌，要使它永远消灭！多益善，看今朝，遍地英雄豪杰。
> "八二"煌煌议决，十九字，已将路线总结。鼓足干劲，争赴上游须力！多快更兼好省，要增添，亿吨钢铁。加紧地将社会主义建设。

郭沫若加以说明道：李易安有《声声慢》一词，入骨地诉说了"冷冷清清，凄凄惨惨戚戚"的个人情趣。那也可以说是旧时代的面貌。

我如今和她一首，但一反其意，以反映当前一天等于二十年的大跃进高潮，因而把词牌改为《声声快》。

《声声慢》或作《胜胜慢》，别名《人在楼上》。"慢"是调名，前人云"慢者调长声缓"。今改为"快"可以看作是"快板"之省。

郭沫若的词作显然是受了毛泽东对李词的批评的影响而写的，录以比照，将有助于我们理解毛泽东对李词的批评。

（五）其他婉约派词人作品欣赏

1. "无可奈何花落去，似曾相识燕归来"

1964 年 11 月 4 日，在人民大会堂北京厅，毛泽东和中央其他领导人听周恩来讲去莫斯科和苏共新领导人会谈的情况，分析苏共新领导的趋向。毛泽东认为他们很可能"要实行没有赫鲁晓夫的赫鲁晓夫主义"，接着他说，赫鲁晓夫的垮台和苏共新领导的趋向，很可能像我国古代词人所形容的那样："无可奈何花落去,似曾相识燕归来。"①

1959年3月10日,西藏上层反动集团在外国势力支持下,蓄意破坏《关于和平解放西藏办法的协议》的实行。17日,达赖喇嘛逃往印度。19日,叛乱分子发动对人民解放军驻拉萨部队和中央代表机关的全面进攻。中国人民解放军驻藏部队于20日对拉萨叛乱武装实施反击,并相继平息了其他地区的武装叛乱,维护了国家统一和民族团结。

4月15日,毛泽东在第十六次最高国务会议上的讲话中讲到西藏问题时说:

> 有些人对于西藏寄予同情,但是他们只同情少数人,不同情多数人,一百个人里头,同情几个人,就是那些叛乱分子,而不同情百分之九十几的人。在国外,有那么一些人,他们对西藏就是只同情一两万人,顶多三四万人。……我们则相反,我们同情这一百一十几万人,而不同情那少数人。
>
> 那少数人是一些什么人呢?就是剥削、压迫分子。……
>
> 有些人,像印度资产阶级中的一些人,又不同一点,他们有两面性。他们一方面非常不高兴,非常反对我们3月20日以后开始的坚决镇压叛乱,非常反对我们这种政策,他们同情叛乱分子。另一方面,又不愿意跟我们闹翻,他们想到过去几千年中国跟印度都没有闹翻过,没有战争,同时,他们看到无可奈何花落去,花已经落去了。1954年中印两国订了条约,就是声明五项原则的那个条约,他们承认西藏是中国的一部分,是中国的领土。他们留下一手,不做绝。②

毛泽东在讲话中用"无可奈何花落去"来形容1959年西藏叛乱平定后的西藏形势,十分贴切。他们同情叛乱分子,希望不要被平灭,但人民解放军迅速地平定了叛乱,已成定局,他们也只有"无可奈何"了。这句诗出自宋代词人晏殊的《浣溪沙》。

---

① 吴冷西:《十年论战》,中央文献出版社1999年版,第883页。
②《关于西藏平叛》,《毛泽东文集》第八卷,人民出版社1999年版,第40—44页。

三、「柳、李的作品只讲爱情」

晏殊（991—1055），字同叔，抚州临川（今江西进贤）人，北宋词人。7 岁能属文，以神童荐。真宗景德二年（1005）召试，赐同进士出身。仁宗庆历年间，官至集贤殿学士、同平章事兼枢密使。卒，谥元献。其词擅长小令，多表现官僚士大夫的诗酒生活和悠闲情致，语言婉丽，颇受南唐冯延巳的影响。原有集，已散佚，仅存《珠玉词》，清人辑有《晏元献遗文》。

《浣溪沙》的原文是：

> 一曲新词酒一杯，去年天气旧亭台。夕阳西下几时回？
> 无可奈何花落去，似曾相识燕归来。小园香径独徘徊。

这是晏殊的名作之一。无名氏《草堂诗余》误为李璟作。它之所以有名，在于其中"无可奈何花落去，似曾相识燕归来"二句，意蕴丰富，博得不少名家的赞赏。明代诗论家杨慎曰："'无可奈何'，二语工丽，天然奇偶。"（《词品》）清沈际飞曰："'无可奈何花落去'，律诗俊语也，然自是天成一段词，著诗不得。"（《草堂诗余正集》）清王士禛曰："或问诗词；词面分界，予曰：'无可奈何花落去，似曾相识燕归来'，定非香奁（lián）诗。'良辰美景奈何天，赏心乐事谁家院？'定非草堂词也。"（《花草蒙拾》）

作者自己对此二句也颇为得意，曾经在诗、词中重复使用。据《词林纪事》载张宗橚云："元献尚有《示张寺丞王校勘》七律一首：'上巳清明假未开，小园幽径独徘徊。春寒不定斑斑雨，宿醉难禁滟滟杯。无可奈何花落去，似曾相识燕归来。梁游赋客多风味，莫惜青钱万选才。'中三句与此词同，只易一字。细玩'无可奈何'一联，意致缠绵，音调谐婉，的确是倚声家语，若作七律，未免软弱矣。"而《四库全书总目提要》认为是诗中先用，"今复填入词内，岂自爱其词语之工，故不嫌复用耶"？并援引唐人许浑佳句"前后两见"为例，证明"古人原有其例"。

这首小词，"一曲新词酒一杯，去年天气旧亭台"，起首二句叙事兼有描写，是词人暮春时节一次对酒听歌的描述。从词人以复叠错综的句式、轻快流利的语调来看，开始时，他听着清歌，饮着美酒，心情是轻松愉快的、潇洒安闲的。这种舒适幽雅的生活和闲情逸致，和"去年"几乎没有什么两样。然而，在似乎一切依旧的表象下，又分明感觉到岁月的流逝和人事的变迁。于是作者不由得从心底发出感喟："夕阳西下几时回？""夕阳无限好，只是近黄昏"，唐代诗人李商隐这两句为人津津乐道的警句，既写出了夕阳灿烂辉煌、照耀大地的壮观景象，又写出了因其将"近黄昏"——好景不长而发出令人惋惜的感叹。此句化用李诗句意，又寄予了新的希望，这样就从眼前景物的描状，进而扩展到对整个社会人生的思考。夕阳西下，是无法抗拒的自然规律，只能寄希望于它的东升再现。

"无可奈何花落去，似曾相识燕归来。"这两句是佳句，也是词眼，是全词意蕴之所在。它的成功不外乎两个方面：一是形式上的工巧流利、对仗工稳，特别是用虚字构成工整的对仗，殊为难得。正如卓人月在《词统》中称赞说："实处易工，虚处难工，对法之妙无两。"二是内容上的意蕴丰富。花的凋落、春的速去、时光的流逝，都是不可抗拒的自然规律，虽然惋惜留恋也无济于事，所以说"无可奈何"，这句上承"夕阳西下"而来；然而在这暮春天气中，那翩翩来归的燕子，不就是去年曾在这里筑巢的旧相识吗？这一句应上"几时回"。花落、燕归也是眼前景，但一经和"无可奈何""似曾相识"这些极富情感色彩的词语相联系，它们的内涵便变得非常广泛，带有美好事物的象征的意味。在惋惜与欣慰的交织中，蕴含着某种生活哲理：一些必然要消失的美好事物，不可阻止地消逝了，而与此同时，另一些美好的事物又出现了，美好的事物都是相似的，但又各有各的特性，所以它只是"似曾相识"而已。这两句诗意的艺术描绘，给予人们多方面的启示。这正是它博得人们交口称赞，而词人自己也十分满意的原因所在。"小园香径独徘徊"，末句是说在小园铺满落花的小径上，词人独自走来走去，品味着，寻思着，一种惋惜、欣慰、惆怅之情油然而生，启人遐想，给人以余味不尽的感受。

2."郴州有个'三绝碑'"

毛泽东对于另一位婉约派词人秦观也很喜爱。他曾经圈阅过秦观9首词，特别喜爱他的代表作《鹊桥仙·纤云弄巧》和《踏莎行·雾失楼台》。

1960 年 3 月 12 日，毛泽东在湖南郴州视察，当天晚上在专列上接见了湖南省、地、市委书记。当他知道陈洪新是郴州地委书记时，便饶有兴味地问道："郴州有个'三绝碑'，你看过吗？"陈洪新不好意思地回答："没看过。"毛泽东示意大家坐下，便娓娓叙说起苏仙岭"三绝碑"的故事。

毛泽东说，古时候，郴州这个地方，是蛮荒之地，很荒凉，鞭长莫及，谁也不愿意去的地方。宋朝有个秦少游，是一个很有才华的人。经苏轼的推荐，应召进京，当过秘书省正字，兼国史院编修官，是个著名的词学家。后来因为新旧党争，他受"元祐党人"的牵连，遭章惇的排挤和打击，最后被削去官职，于绍圣三年（1096），安置到郴州当老百姓。秦少游含冤被贬，远离亲朋，穷愁潦倒，忧愤满腹，又没有地方去讲，后来他就写了《踏莎行·郴州旅舍》一词。毛泽东吸了一口烟，接着便朗声地背诵起来：

雾失楼台，月迷津渡，桃源望断知何（无寻）处。可堪孤馆闭春寒，杜鹃声里残（斜）阳树（暮）。

驿寄梅花，鱼传尺素，砌成此恨无重数。郴江本（幸）自绕郴山，为谁流下潇湘去？

毛泽东一字不漏地背完这首词，继续讲道，这首词将一个在封建阶级内部冲突中，受排挤打击的知识分子不得志的心境，描述得淋漓尽致。苏东坡很喜欢这首词，因为他同病相怜。四年后，秦观病死，苏东坡为怀念朋友，将此词抄在自己的扇子上，并附上跋语："少游已矣，虽万人何赎。"后来，书法家米芾以其沉着俊逸的书法将秦词苏跋写下来。宋朝以"淮海词、东坡跋、米芾笔"之造诣精深而谓之"三绝"。秦观死后166 年，南宋有个名叫邹恭的来郴州当知州，再把原碑拓片，转刻在苏仙岭白鹿洞的大石壁上，就是今天我们能看到的"三绝碑"。这块碑很有历史价值，是我们国家在文学艺术上的瑰宝，要很好地加以保护。

毛泽东亲切地望着陈洪新，语重心长地说："过去郴州是瘴疫之地，文人骚客多贬于此。现在郴州不同了吧？"陈洪新激动地回答："现在很好，我很安心，我们一定要把郴州建设好。"

事后，陈洪新等落实了修复和保护"三绝碑"的措施，使之重放光彩。①

秦观（1049—1100），字少游、太虚，号淮海居士，高邮（今江苏高邮）人，北宋词人。曾任秘书省正字，兼国史院编修官等职。因政治上倾向于旧党，被视为元祐党人，宋哲宗绍圣后累遭贬谪。文词为苏轼所赏识，是"苏门四学士"之一。词属婉约一派，多写男女情爱，也颇有感伤身世之作。又能诗，有《淮海集》。

米芾（1051—1107），字元章，吴（今江苏苏州）人。定居润州（今江苏镇江）。北宋书画家。书法与蔡襄、苏轼、黄庭坚并称"宋四家"。

秦观《踏莎行·郴州旅舍》原文是：

> 雾失楼台，月迷津渡，桃源望断无寻处。可堪孤馆闭春寒，杜鹃声里斜阳暮。
>
> 驿寄梅花，鱼传尺素，砌成此恨无重数。郴江幸自绕郴山，为谁流下潇湘去？

宋哲宗绍圣初年，新党重新当政，排斥元祐党人。秦观也因旧党的关系在朝廷里受到排斥，一再遭贬，削掉了官职，远徙郴州（今湖南郴州）。政治失意，孤独愁苦，遂于次年，即绍圣四年（1097）写了这首词。

词的上阕写景，景中含情，抒发困居郴州旅舍的愁绪。"雾失楼台，月迷津渡"，起首二句互文见义，不当分解，意思是春天傍晚的郴州，雾气氤氲，月色朦胧，楼台渡口皆不可见。接着第三句说："桃源望断无寻处"，是说那个陶渊明笔下的世外桃源（在郴州以北的武陵），更是云遮雾罩，无处寻觅了。作者为什么忽然想到桃花源呢？因为东晋大诗人陶渊明笔下的桃花源，是一方世外乐土。那里男耕女织、民风古朴，"春蚕收长丝，秋熟靡王税"，没有剥削，没有压迫，人们过着自由自在的生活。

---

① 陈晋主编：《毛泽东读书笔记解析》，广东人民出版社1996年版，第1492—1493页。

三、"柳、李的作品只讲爱情"

那种自由、美好而无倾轧的地方，是失意之士逃避现实最为理想的场所。开头三句，作者用了"失""迷""无"三个否定词语，接连写出三种在人们的现实生活和向往中存在的美好事物的消失，表现了一个屡遭贬谪之人的怅惘之情和对前途的渺茫之感。眼前一片迷茫，不知所从，只得自伤沦落，这就逼出了"可堪孤馆闭春寒，杜鹃声里斜阳暮'两句凄厉之语，不仅点明时在春天傍晚，而且引出人物。试想，在春寒料峭之中，孤馆冷落之处，夕阳西下、杜鹃啼血之时，多愁善感的词人将如何忍受？

词的下阕抒情，写作者思亲怀乡的复杂情思。"驿寄梅花，鱼传尺素"，二句用典，借以抒情。"驿寄梅花"，见于《荆州记》载陆凯写诗寄给远离故乡的范晔，作者显然是以范晔自比。"鱼传尺素"是用汉乐府《饮马长城窟行》诗意，指书信往来，作者也是以飘零之人自喻。亲朋的书信，引起无尽的乡思。书传信越多，离恨也就积累得越多，于是便"砌成此恨无重数"了。离恨可积，不仅使抽象微妙的思想感情形象化了，而且也使人想见词人心中的积恨是何等的沉重而又无法消解啊！

"郴江幸自绕郴山，为谁流下潇湘去？"结末二句，后人解释歧见颇多：或以为词人怪郴江无端与山分离，暗喻把握不了自己的命运，寄慨沦落；或以为郴江本应环绕郴山不去，但难耐郴州寂寞而远下潇湘二水，暗喻自己羁留郴州，不得自由；或以为自己本应安居故乡，不该出外做官，有深悔误入仕途之意等等，不一而足。以上诸说各有所窥，都不无道理。但笔者认为，人的感情本来就是复杂的，处境艰难的作者，当时的心情也不会是单一的，虽然如此，既羡郴江有幸能环绕郴山，感喟人生本可自主，又哀郴江无端离去，叹惜人生不得自主，自伤沦落；再加之思念故乡、怀念亲友。凡此数端，兼而有之，岂不可乎？这结末二句，意蕴丰富，不可呆看。据《冷斋夜话》载："东坡绝爱其尾两句，自书手扇。少游死，曰：'少游已矣，虽万人何赎！'"这无非因为苏轼与秦观都屡受贬谪，同病相怜。此二句虽发自秦观的肺腑，却道出了苏秦二人乃至左迁飘零一流人物的共同心声。

3. "两情若是久长时，又岂在朝朝暮暮！"

毛泽东在 1957 年 5 月 11 日致李淑一的信中说："有《游仙》一首为赠。这种游仙，作者自己不在内，别于古之游仙诗。但词里有之，如咏七夕之类。"①

毛泽东在信中说的游仙，指晋郭璞作的游仙诗，后来也泛指游仙诗。所谓"咏七夕之类"，指词中咏七夕一类的作品。这类作品不少，优秀之作，代不乏人。最著名的便是柳永的《二郎神·炎光谢》和秦观的《鹊桥仙·纤云弄巧》。

《鹊桥仙·纤云弄巧》一词原文如下：

> 纤云弄巧，飞星传恨，银汉迢迢暗度。金风玉露一相逢，便胜却、人间无数。
>
> 柔情似水，佳期如梦。忍顾鹊桥归路！两情若是久长时，又岂在、朝朝暮暮。

《鹊桥仙》，此调专咏牛郎织女七夕相会事。始见欧阳修词，中有"鹊迎桥路接天津"句，故名，又名《金风玉露相逢曲》《广寒秋》等。双调，五十六字，仄韵。

这是一首咏七夕的节序词，主旨为赞美传说中牛郎与织女的真纯爱情。

借牛郎织女的故事，以超人间的方式表现人间的悲欢离合，古已有之，如《古诗十九首》中的"迢迢牵牛星"、曹丕的《燕歌行》、李商隐的《辛未七夕》等等。宋代的欧阳修、柳永、苏轼、张先等人也曾吟咏这一题材，虽然遣词造句各异，却都因袭了"欢娱苦短"的传统主题，格调哀婉、凄楚。相形之下，秦观此词堪称独出机杼，立意高远。

词的上阕写佳期相会，感叹相逢之艰难与可贵。"纤云弄巧，飞星传恨"，开端二句描写，展现的是一幅七夕的美：轻柔多姿的云彩，变化出许多优美巧妙的图案；迢迢银河相隔，牛郎织女二星遥相闪烁，像在飞传

---

① 中共中央文献研究室编：《毛泽东书信选集》，人民出版社 1983 年版，第 527 页。

三、『柳、李的作品只讲爱情』

离别的愁怨。在这难得的初秋夜空中，双星通过鹊桥，渡过银河，作一年一度的相会。此三句笔触轻巧，却能于"传恨""暗度"中，见出天河被隔的怨恨。

关于银河，《古诗十九首》云："河汉清且浅，相去复几许？盈盈一水间，脉脉不得语。""盈盈一水间"，近在咫尺，似乎连对方的神情语态都宛然在目。这里，秦观却写道："银汉迢迢暗渡。"以"迢迢"二字形容银河的辽阔和牛女相距之遥远。这样一改，感情深沉了，突出了相思之苦。迢迢银河水，把两个相爱的人隔开，相见多么不容易！"暗渡"二字既点"七夕"题意，同时紧扣一个"恨"字，他们暗暗宵行，千里迢迢来相会。

"金风玉露一相逢，便胜却人间无数！"接下来二句词人宕开笔墨，以富有感情色彩的议论赞叹道。一对久别的情侣金风玉露之夜，在碧落银河之畔相会了，这美好的一刻，就抵得上人间千次万次无数次的相会。词人热情歌颂了一种理想的、圣洁而永恒的爱情。"金风玉露"系用唐代李商隐的《辛未七夕》诗："恐是仙家好别离，故教迢递作佳期。由来碧落银河畔，可要金风玉露时。"用以描写七夕相会的时节风光。词人把这次珍贵的相会，映衬于金风玉露、冰清玉洁的背景之下，显示出这种爱情的高尚纯洁和超凡脱俗。

下阕则是写依依惜别之情，揭示爱情之真谛。"柔情似水，佳期如梦。忍顾鹊桥归路"，换头处三句是说，那两情相会的情意啊，就像那圣洁的银河水，是那样温柔缠绵。一夕佳期竟然像梦幻一般倏然而逝，才相见又分离。刚刚借以相会的鹊桥，转瞬间又成了和爱人分别的归路。"柔情似水"，"似水"照应"银汉迢迢"，即景设喻，十分自然。这三句写出了相会时间之短、爱侣相会时的复杂心情，不忍离去，却说怎忍看鹊桥归路，婉转语意中，含有无限惜别之情，含有无限辛酸的眼泪。

"两情若是久长时，又岂在朝朝暮暮！"结末两句议论，画龙点睛，揭示了爱情的真谛：爱情要经得起长久分离的考验，只要能彼此真诚相爱，即使终年天各一方，也比朝夕相伴的庸俗情趣可贵得多。这两句感情色彩很浓的议论，与上阕的议论遥相呼应，这样上、下阕同样结构，叙事和议论相间，从而形成全篇连绵起伏的情致。这种正确的恋爱观，这种高尚的精神境界，远远超过了古代同类作品，是十分难能可贵的。

沈祖棻的《宋词赏析》说："这首词上、下阕的结句，都表现了词人对于爱情的不同一般的看法。他否定了朝欢暮乐的庸俗生活，歌颂了天长地久的忠贞爱情。这在当时，是难能可贵的。"

4. "月上柳梢头，人约黄昏后"

毛泽东曾圈阅过朱淑珍的《生查子·去年元夜时》。这首很有名的《生查子》，其作者有朱淑真和欧阳修两说。笔者认为以朱淑真为是。此词一说欧阳修作，但《六一词》与其他词集互杂极多，不足为凭。细赏此词，似非六一居士手笔，实乃断肠之声。朱淑真另有一首《元夜诗》，可与此词互看："火树银花触目红，揭天鼓吹闹春风。新欢入手愁忙里，旧事惊心忆梦中。但愿暂成人缱绻，不妨常任月朦胧。赏灯那得工夫醉，未必明年此会同。"

朱淑真，自号幽栖居士，钱塘（今浙江杭州）人，世居姚村。一说海宁（今浙江海宁）人。祖籍歙州（州治在今安徽歙县），南宋初年时在世。生于仕宦家庭，相传因婚嫁不满，抑郁而终。能画，通音律。词多幽怨，流于感伤。也能诗，有诗集《断肠集》、词集《断肠词》。《断肠集》有宋郑元佐注本。

其《生查子》原文如下：

> 去年元夜时，花市灯如昼。月上柳梢头，人约黄昏后。
> 今年元夜时，月与灯依旧。不见去年人，泪湿春衫袖。

元夜，农历正月十五夜，即元宵节，也称上元节。这首词以独特的艺术构思，采用今昔对比手法，悲与欢交织，前后映照，从而巧妙地抒写了物是人非、不堪回首之感。

上阕追忆去年元夜的欢会。"花市灯如昼"，首句极写去年元宵灯火辉煌。自唐代起，就有元夜张灯、观灯的习俗，至宋而其风益盛。孟元老《东京梦华录》卷六记灯市景象云："灯山上彩，金碧相射，锦绣交辉。"

可知，"花市灯如昼"乃真实描写，并非夸张。

"月上柳梢头，人约黄昏后"，接下二句叙事而兼描写，从约会的时间上写出一对情侣在元宵夜的幽会，再现那令人沉醉的情景。你想，明月皎皎，垂柳依依，男女主人公并非邂逅灯市，而是早有密约，这是何等惬意呀。这表明他们即便尚未私订终身，至少也彼此倾心。

下阕抒写今年元夜重临故地，不见伊人的感伤。"今年元夜时，月与灯依旧"，说明今年元夜景物与去年一般无二，照样月光灿烂、灯火辉煌、如同白昼。但风景无殊，人事已非。"不见去年人，泪湿春衫袖"，接下来二句情绪一落千丈：去年莺俦燕侣，互诉衷肠，今年形单影只，徒忆前盟，主人公怎能不抚今思昔，泪下如注，把春衫的衣袖都打湿了。因何"不见"，一字不及，或许有难言之隐，或许故意留下悬念。

5. "稻花香里说丰年，听取蛙声一片"

毛泽东读清汪森编选的《词综补遗》卷八时，圈阅了辛弃疾《西江月·明月别枝惊鹊》这首词[1]。

辛弃疾的《西江月·明月别枝惊鹊》原文如下：

> 明月别枝惊鹊，清风半夜鸣蝉。稻花香里说丰年，听取蛙声一片。
> 七八个星天外，两三点雨山前。旧时茅店社林边，路转溪桥忽见。

《西江月》，词牌名，原为唐教坊曲。又名《江月令》《壶天晓》等。双调。定格上、下阕各四句，共50个字。上、下的二、三句都押平声韵，结句押仄声韵。李白《苏台览古》诗有"只今唯有西江月，曾照吴王宫里人"句，故由此得名。

这是辛弃疾中年时期经过江西上饶黄沙岭道时写的一首词。宋孝宗淳熙八年（1181），辛弃疾因受奸臣排挤，被罢官，开始到上饶居住，并在

---

① 毕桂发主编：《毛泽东评点历代名家词赏析》，中央文献出版社2006年版，第514页。

此生活了近 15 年。在此期间，他虽也有过短暂的出仕经历，但以在上饶居住为多，因而在此留下了不少词作。黄沙岭在上饶以西四十里，岭高约十五丈，深而敞豁，可容百人。下有两泉，水自石中流出，可溉田十余亩。这一带不仅风景优美，也是农田水利较好的地区。辛弃疾在上饶期间，经常来此游览，他描写这一带风景的词，现存约五首，即《生查子·独游西岩》二首、《浣溪沙·黄沙岭》一首、《鹧鸪天·黄沙道上即事》一首，以及本词。

词的上阕写夏天农村的清幽夜色。"明月别枝惊鹊，清风半夜鸣蝉"，词起首二句是说，因为月光明亮，所以鹊儿被惊醒了；而鹊儿惊飞，自然也就会引起"别枝"摇曳。夜间蝉的鸣叫声不同于烈日炎炎下的嘶鸣，而当凉风徐徐吹拂时，往往特别感到清幽。总之，"惊鹊"和"鸣蝉"两句动中寓静，把半夜"清风""明月"下的景色描绘得令人悠然神往。

"稻花香里说丰年，听取蛙声一片"，接下来，词人把人们的关注点从长空转移到田野，表现了词人不仅为夜间黄沙道上的柔和情趣所浸润，更关心扑面而来的漫村遍野的稻花香，又由稻花香而联想到即将到来的丰年景象。此时此地，词人与人民同呼吸的欢乐，尽在言表。稻花飘出的浓郁芳香扑面而来。今年的收成一定会很好，又是一个丰年了。

下阕写遭雨后赶路的喜悦。"七八个星天外，两三点雨山前"，换头二句是说，遥远的天边挂着稀疏的星星，山前忽然洒下几点小雨。在这里，"星"是寥落的疏星，"雨"是轻微的阵雨，这些都是为了与上阕的清幽夜色、恬静气氛和乡土气息相吻合。

"旧时茅店社林边，路转溪桥忽见"，因为下雨了，所以作者急忙赶路，小桥一过，乡村林边茅店的影子却意想不到地展现在人们的眼前了。词人对黄沙道上的路径尽管很熟，可总因为醉心于丰年在望之乐的一片蛙声中，连早已临近的那个社庙旁树林边的茅店，也都没有察觉。前文"路转"，后文"忽见"，既衬出了词人骤然间看出了分明临近旧屋的欢欣，又表达了他由于沉浸在稻花香中以至忘了道途远近的怡然自得的入迷程度，体现了作者深厚的艺术功底，令人玩味无穷。

全词平易清淡，犹如白话，笔调活泼明快，朴实鲜明地描绘出农村大自然的幽静恬适，反映出作者摆脱官场后隐居田园的自适心情。情景交融，优美如画，恬静自然，生动逼真，是宋词中以农村生活为题材的佳作。清陈廷焯在《词则》中评说："词是夜景，所闻所见信手拈来，都成异彩，总由笔力胜故也。"所写皆极其平凡的景物，语言没有任何雕饰，没有用一个典故，层次安排也完全是听其自然、平平淡淡。然而，正是在看似平淡之中，却有着词人潜心的构思、淳厚的感情。在这里，我们也可以领略到稼轩词于雄浑豪迈之外的另一种境界。这正是毛泽东欣赏的"既苍凉又优美"的风格。

6. "这是陆游写的一首词：《钗头凤·红酥手》"

1957 年的一天，姚淑贤和爱人在天津相聚时，一道去看了场戏。演的是南宋诗人陆游的爱情悲剧。

回到专列上，晚饭时，姚淑贤把看的戏讲给毛泽东听。她见毛泽东听得很认真，不时点头，于是情绪更高了，讲得很仔细，还夹带发议论。讲完了，毛泽东问她："这戏的名字叫什么？"

"《凤头钗》。"小姚以为毛泽东没看过，提议说："主席，应该看看，很不错的。"

"《凤头钗》？"毛泽东望着小姚。

小姚犹豫了，说："是《凤头钗》，还是……《钗头凤》来着？哎呀，我记不清了。"

毛泽东笑了，说："是《钗头凤》。这是陆游写的一首词：《钗头凤·红酥手》。陆游是南宋一位了不起的大诗人，年轻时就立志'上马击狂胡，下马草军书'。他的表妹叫唐琬，也是一位有才华重感情的妇女。他们的爱情悲剧在《齐东野语》里有记载……"[1]

毛泽东还曾对他的保健医生徐涛说："陆游与唐琬离异后，又相遇于沈园。那是他们情意缠绵之地，陆游的那首《钗头凤》就题在沈园的墙壁之上。"说着还把这首词写了下来。写完后又问徐涛，知不知道唐琬回

---

[1] 权延赤：《红墙内外——毛泽东生活实录》，昆仑出版社 1989 年版，第 172 页。

赠的那首词。徐涛说没有读过。毛泽东便脱口念了起来："世情薄，人情恶，雨送黄昏花易落。晓风干，泪痕残。欲笺心事，独语斜栏。难，难，难！　人成各，今非昨，病魂常似秋千索。角声寒，夜阑珊。怕人寻问，咽泪装欢。瞒，瞒，瞒！"念完，又说："这首词回赠没有多久，唐琬就因积愁而死去。当初是陆游的母亲与唐琬不和。陆游这一对夫妻，没有得到真正的幸福，这是封建社会的悲剧。"①

陆游《钗头凤·红酥手》的原文是：

红酥手，黄縢（téng）酒，满城春色宫墙柳。东风恶，欢情薄。一怀愁绪，几年离索。错，错，错！

春如旧，人空瘦，泪痕红浥鲛绡透。桃花落，闲池阁。山盟虽在，锦书难托。莫，莫，莫！

陆游的前妻是舅父的女儿唐琬，二人是姑舅结亲。唐琬是陆母的娘家侄女，侄女随姑，婆媳关系本来应当容易相处，况且唐琬贤淑聪明、知书达理，亦能诗词。婚后夫妻情同鱼水。然而，陆母却不喜欢这个儿媳妇。陆游迫于母命只好休妻，但却瞒着母亲，暗中把唐琬别作安置，偷偷会面。不久母亲发觉，夫妻只好忍痛离散。后来陆游再娶王氏，唐琬改嫁宋宗室赵士程。数年后的一个春日，陆游去绍兴城南的沈氏园赏春解闷，恰遇唐琬与赵士程同来游赏。暌违数载，一朝邂逅，当着赵士程的面，二人万语千言却无从说起。当时，唐琬对赵士程提起陆游，并遣使送酒给陆游，以表心意。陆游接酒在手，往昔与自己伉俪相得的妻子的心意，使他非常激动，旧怨新愁一齐涌上心头。他将酒一饮而尽，在身边的墙上，挥笔写下了这首传颂千古的爱情篇章。

词分上下两阕，上阕忆昔，下阕伤今。

"红酥手，黄縢酒，满城春色宫墙柳"，起首三句写词人昔日对唐琬

---

① 徐涛：《毛泽东的保健养生之道》，《缅怀毛泽东》下册，中央文献出版社1993年版，第625—626页。

的倾倒。"红酥手",写唐琬的貌美。这里虽只言手,但唐琬的如花容貌已现,艺术上谓之以部分代全体。"黄縢酒",写昔日唐琬对词人的深情。陆游婚后妇敬夫爱,妻子为丈夫把盏劝酒,共赏春色。黄縢酒浓,妻子情深。这两句既写出了唐琬的美丽,也写出了夫妻爱情的甜蜜。字里行间,流露了一位天才词人对妻子的无限倾倒。"满城春色宫墙柳",是以春景渲染,加重抒情的气氛。春满绍兴,柳拂宫墙,盎然的春意与夫妻之情交相融合。以上三句,是昔日陆游与唐琬恩爱生活的一个剪影,在二人邂逅的刹那,重现在诗人心头,构成甜蜜的回忆,为下文写这对恩爱夫妻的离散及词人的怨愤作铺垫。

"东风恶,欢情薄"二句,写夫妻的离散。这里明言由于东风狂吹猛扫,使得满城春意为之阑珊,欢乐之情顿减,实际上暗喻母亲的逼迫,使得这对恩爱夫妻被迫离散。这里着一"恶"字,陆母的严厉面孔如绘;一"薄"字,美满姻缘被迫拆散之状毕现。

"一怀愁绪,几年离索。错,错,错!"接下三句写痛苦之深长。沈氏园重逢,距离二人的婚姻变故已近十年。这对恩爱夫妻本欲白头偕老,却不料中途离散,心灵的创伤是深重的,愈合是长期的。所以虽经十年之久,词人的一怀愁绪却始终不曾消解。实际上愁绪不解,何止十年。而"错,错,错"三个叠字,感情的分量一个比一个加重。词人是责备自己错过了美好的姻缘呢,还是责备其母错误地干涉了这美满之缘呢?看来不能作单一的回答。词的上阕既有甜蜜的回忆,又有经久不消的苦痛,是词人与唐琬邂逅时所激起的对往昔的缅怀。

"春如旧,人空瘦,泪痕红浥鲛绡透",过片三句,写对唐琬的怜悯。"春如旧",三字直承"满城春色宫墙柳"。柳映宫墙,春满绍兴,"春"还是那个老样子,但美满的婚姻却已经不存在了。"泪痕红浥鲛绡透",以斑斑血泪写婚变后的深切痛苦,这种痛苦使唐琬,当然也包括词人自己变得消瘦了。然而,这种消瘦、这种熬煎,丝毫也不能改变残酷的现实。一个"空"字,既透出了词人对唐琬的深情怜悯,又表达了词人对无情的冷酷现实的控诉。

"桃花落,闲池阁"二句,写春意寥落。"桃花落",是眼前景物的实写。沈氏园里春意阑珊，桃花飘零，池台楼阁也只能闲立在那里，无人去领略观赏。这两句写出了春意的衰残，也透出了词人心灰意冷的情绪。

"山盟虽在，锦书难托。莫，莫，莫！"末三句写诗人的苦衷。陆游和唐琬爱情的山盟海誓虽在，但是唐琬早归他人，自己也已再婚王氏。碍于封建的道德礼法，这种爱情只能深藏心底，既不可能相对倾吐衷肠，也不可能托之于锦书殷勤致意。所谓"锦书"，就是用锦织成的字。典出《晋书》所载窦滔妻苏氏为《回文璇玑图》诗以赠其夫的故事。旧时用以指妻子寄给丈夫的书信。这就自然逼出结句的三个叠字"莫，莫，莫"，这三个叠字，感情的分量同样越来越重。其意究竟是在劝慰，要彼此从今以后莫要相思、莫要怨恨呢？还是意在抒愤，表示后悔莫及，有莫可名状的痛苦呢？任何单一的解答，都无以说明彼时彼地词人万般复杂的情感世界。词的下阕怜悯唐琬，悲伤离散而又无可奈何，是对情感上火热相爱、礼法上却音信难通的冷酷现实的愤怨。

这首词通过对爱情悲剧的咏唱，抒写了作者内心的强烈痛苦和对封建礼教的不满。据说唐琬看到这首《钗头凤》词后，曾和作一首（已见前引），未几便郁郁死去了。陆游对这位聪明而多情的前妻，曾多次写诗伤悼，最著名的便是《沈园》二首：

> 城上斜阳画角哀，沈园非复旧池台。
> 伤心桥下春波绿，曾是惊鸿照影来。
>
> 梦断香销四十年，沈园柳老不吹绵。
> 此身行作稽山土，犹吊遗踪一泫然。

甚至在生命的最后一息，他还念念不忘唐琬。陆游对于爱情的执着精神，表现了这位爱国诗人品格中另一可贵的方面，成了流传千古的爱情佳话。

7. "少年听雨阁楼上"

毛泽东曾用铅笔手书蒋捷的《虞美人·听雨》上阕①。

蒋捷，字胜欲，号竹山，阳羡（今江苏宜兴）人，生卒年不详。宋度宗咸淳十年（1274）进士。宋亡不仕，抱节以终。其词多承苏、辛一路而兼有众长，与周密、王沂孙、张炎并称"宋末四大家"。有《竹山词》。

《虞美人·听雨》

少年听雨歌楼上，红烛昏罗帐。壮年听雨客舟中，江阔云低、断雁叫西风。

而今听雨僧庐下，鬓已星星也。悲欢离合总无情，一任阶前、点滴到天明。

这首词可以说是蒋捷自己一生的真实写照。词人曾为进士，过了几年官宦生涯，但宋朝很快就灭亡了。

在词人漫长而曲折的经历中，他以三幅象征性的画面，概括了从少到老在环境、生活、心情各方面所发生的巨大变化，读之凄然。

"少年听雨歌楼上，红烛昏罗帐"，词的上阕描写"少年听雨"的画面，由"歌楼""红烛""罗帐"等绮艳意象交织而成，传达出春风骀荡的欢乐情怀。尽管这属于灯红酒绿的逐笑买欢生涯，不值得炫耀，但毕竟与忧愁悲苦无缘，而作者着力渲染的正是"不识愁滋味"的青春风华。

"壮年听雨客舟中，江阔云低、断雁叫西风"，上阕后二句写词人的中年生涯。描绘了一幅客舟中听雨的画面，一幅水天辽阔、风急云低的江上秋雨图。一只失群孤飞的大雁在无助地哀鸣。"江阔""云低""雁叫""西风"等衰飒意象，映现出在风雨飘摇中颠沛流离的坎坷遭际和悲凉心境，恰是作为作者自己的影子出现的。

下阕单写晚年："而今听雨僧庐下，鬓已星星也"，起首二句描写的是一幅显示他的当前处境的自我画像。一个白发老人独自在僧庐下倾听着夜

---

① 中央档案馆编：《毛泽东手书选集·古诗词》下册，北京出版社1994年版，第168页。

雨。处境之萧索、心境之凄凉，在十余字中，一览无余。江山已易主，壮年愁恨与少年欢乐，已如雨打风吹去。此时此地再听到点点滴滴的雨声，自己却已木然无动于衷了。蒋捷的这首词，内容包涵较广，感情蕴藏较深。以他一生的遭遇为主线，由少年歌楼听雨、壮年客舟听雨，写到寄居僧庐、鬓发星星。词人刻意凸显出僧庐之冷寂与鬓发之斑白，借以展示晚年历尽离乱后的憔悴而又枯槁的身心。

"悲欢离合总无情，一任阶前、点滴到天明"，表达出词人无可奈何的心绪，使其"听雨"戛然而止。结尾两句直抒胸臆，开拓了一个新的感情境界。"一任"两个字，表达了听雨人心中的不平静。身在僧庐，也无法真正与世隔绝，也不能真正忘怀人生。"点滴到天明"即无眠到天明，无静到天明也。这种心情，在冷漠和决绝中透出深化的痛苦，可谓字字千钧。

这首词层次清楚，脉络分明，是一大特色。上阕感怀已逝的岁月，下阕慨叹目前的境况。按时间顺序，从歌楼中少年写到客舟中壮年，再写到"鬓也星星"的老年，以"听雨"为线索，三幅画面前后衔接而又相互映照，艺术地概括了作者由少到老的人生道路和由春到冬的情感历程。其中，既有个性烙印，又有时代折光：由作者的少年风流、壮年飘零、晚年孤冷，分明可以透见一个历史时代由兴到衰、由衰到亡的嬗变轨迹，而这正是此词的深刻、独到之处。

8."一片春愁待酒浇"

毛泽东曾圈阅蒋捷一首《一剪梅·舟过吴江》[①]。

蒋捷的《一剪梅·舟过吴江》原文是：

> 一片春愁待酒浇。江上舟摇，楼上帘招。秋娘渡与泰娘桥，风又飘飘，雨又萧萧。
>
> 何日归家洗客袍？银字笙调，心字香烧。流光容易把人抛，红了樱桃，绿了芭蕉。

---

① 张贻玖：《毛泽东评点、圈阅的中国古典诗词》，中国工人出版社1992年版，第252页。

吴江，今江苏苏州市辖区，在苏州之南，太湖之东。这是一首写春愁与羁旅之愁的词，却表现了一种清淡的情调。

《一剪梅》，又名《腊梅香》《玉簟秋》。双调 60 字，平韵。宋周邦彦有"一剪梅花万样娇"词句，故名。

从词意上看，这首词大约写于南宋亡国之后，词人漂泊在吴江之时。

"一片春愁待酒浇"，上阕首句从"春愁"落笔，直抒胸臆，写作者胸中一怀愁绪无法排遣，渴望借酒来浇。蒋捷这里写感春怀乡的清愁却显得有点超脱、调侃的意味。"江上舟摇，楼上帘招"，接下来二句描写词人在江上泛舟，见酒楼挑出了大字酒招，似乎招呼作者前往一醉解愁，写出了潇潇风雨中作者以酒浇愁的情景。"秋娘渡与泰娘桥，风又飘飘，雨又萧萧"，三句说在那吴江"秋娘渡"和"泰娘桥"令人流连忘返的美丽多情之地，作者本应开怀畅饮，排解愁绪。然而，恍惚中只感觉风雨飘摇，不知其所，使原先的"春愁"更加浓重，难以释怀。词人只是坐在船里静静地看着酒旗相招，表现了一种可有可无的恬淡心情，他写"风又飘飘，雨又萧萧"，语调是漫不经意的，并未给人以凄风苦雨的感觉，配上秋娘渡、泰娘桥的背景，反显得那样谐和、轻柔。

下阕点明上阕所叙之愁乃有家难归带来的痛苦，并发出了时光易逝、好景难久的感慨。"何日归家洗客袍？银字笙调，心字香烧"，起首三句词人以设问自答句式点出"春愁"的由来，原来是思乡心切，他回忆起在家的情景：他的妻子吹奏着银字笙，屋内香炉里燃烧着象征男女爱情的心字香，笙管悠悠，青烟袅袅，令人神往。写到这里，词的笔锋一转，感叹"流光容易把人抛，红了樱桃，绿了芭蕉"。岁月无情，眼见的时光已催红了樱桃，染绿了芭蕉，更是把韶华人生抛在后头，使人怅惘不已，心头泛起更浓的忧愁，以此有个性的感伤语气结尾，余韵缭绕，让人回味无穷。联系到该词的写作背景，我们不难体味到作者所抒的"春愁""思乡"实际是道出了对国家的忧患之情。总之，词人的心情是恬淡的，语调是漫不经心的，景物是优美的，氛围是和谐轻柔的，色调都很轻淡、柔和，和作者的淡淡愁情吻合无间，景中既有"我"之情，又淡得几乎看不出来，这是介于"有我"和"无我"之间的一种境界。

语言浅近，自然而又清新秀妍是这首词的突出特点。作者巧妙地运用《一剪梅》重叠的复节和体式，反复吟叹，像"江上舟摇，楼上帘招""风又飘飘，雨又萧萧""红了樱桃，绿了芭蕉"等等，读起来声节琅琅，辞情谐畅。用"招"字写酒帘飘扬之状，用"红""绿"写樱桃、芭蕉之色，贴切传神，表现了作者炼字炼意的功夫。明毛晋说蒋捷的词"语语纤巧，字字妍倩"，清刘熙载《艺概》也说其词"洗练缜密，语多创获"，这首《一剪梅》即是显例。

9. "红了樱桃。绿了芭蕉"

毛泽东曾圈阅过蒋捷的《舟宿蓝湾》[①]。

蒋捷的《舟宿蓝湾》原文是：

> 红了樱桃。绿了芭蕉。送春归、客尚蓬飘。昨宵谷水，今夜兰皋。奈云溶溶，风淡淡，雨潇潇。
>
> 银字笙调。心字香烧。料芳悰、乍整还凋。待将春恨，都付春潮。过窈娘堤，秋娘渡，泰娘桥。

《行香子》，词牌名。《中原音韵》《太平乐府》俱注双调。66字。

这首词可与《一剪梅·舟过吴江》连读，词的上下阕的开首两句都是《一剪梅》中的原句。可见这四句是作者的得意之笔，所以顺手拈来，不另创新句。

词的上阕开端，以樱桃红、芭蕉绿两种色彩鲜明、相映成趣的具体景物，来代替抽象的时间，这是我国传统的艺术手法。《诗经·小雅·采薇》中的"昔我往矣，杨柳依依。今我来思，雨雪霏霏"，即表明去时为春，来时为冬。"送春归、客尚蓬飘"，接下来二句说送走了春天，而词人仍在外作客，像蓬草一样四处飘转。春归而人不归，已使人心伤；而行止未

---

① 张贻玖：《毛泽东评点、圈阅的中国古典诗词》，中国工人出版社1992年版，第252页。

卜，更令人肠断。"昨宵谷水，今夜兰皋"，二句具体描绘词人漂泊不定、转换频繁的状况，是说昨天夜里还在谷水，而今天夜间便要住在南方的兰皋了。"谷水"，钱塘江上游；"兰皋"，扣题，指兰湾。"奈云溶溶，风淡淡，雨潇潇"，结末三句说行程中天气变化无常，令人无可奈何。时而云气弥漫，时而微风轻拂，时而雨声淅沥，客子的心情也因之起伏不定、思绪万千。

下阕开端，也移来旧句"银字笙调。心字香烧"，说回忆过去，与妻子在家，调弄着银字笙，焚烧起心字香，笙声悦耳，香气扑鼻，生活是何等的安定欢乐！"料芳悰、乍整还凋"，二句说我漂流天涯，你孤身在家，还有什么心情去调理银笙呢？所以，我料想你打不起精神来了。"待将春恨，都付春潮"，只有把春天的怨恨，付与春日的潮水，让它们都随春潮涌起，又都随春潮流去。此外还有什么办法呢？"过窈娘堤，秋娘渡，泰娘桥。""窈娘"，唐乔知之的侍女，美丽且善歌舞。"秋娘"，即杜秋娘，唐才女，以歌《金缕曲》出名，杜牧有《杜秋娘》诗。"泰娘"，唐歌女，善弹琵琶，刘禹锡有《泰娘歌》。以这三个女子命名的堤、渡、桥，都流传有艳丽的故事。词人舟过此处，不由得怀念起家中的妻子，故而撕心裂肝。

词的上阕写流浪，下阕写思家，形象生动，语言优美。特别是上下阕的后三句，排比中连用叠词和重字，漂亮而生动，尤为出色。

四、"也有苏轼陆游一派"

（一）苏轼词"气势磅礴，豪迈奔放"

毛泽东对于苏轼评价很高。1956年，他到湖南视察时曾对人说："苏东坡是宋代的大文豪，长于辞赋，有许多创造，'一洗绮罗香泽之态，摆脱婉转绸缪之度'，如《念奴娇·赤壁怀古》，是千古绝唱。然而，此人政治上坎坷不平，宦海升降沉浮，风云莫测。因此，他常寄诗清风明月、扁舟壶酒以消情。苏东坡'驾一叶之扁舟'，那说的是小舟，'小舟从此逝，江海寄余生'，是追求小我的自由。"[1] 他在另一次谈话时又说，苏轼的词："气势磅礴，豪迈奔放，一扫晚唐五代词家柔靡纤弱的气息"。[2] 他还赞扬说："东坡是大家。"[3] 一次他在谈了曹操、曹丕、曹植父子三人都有才华、有名气后，感叹地说："一家两代人都有才华、有名气，在历史上也不多见呐！"[4]

从上述论述来看，可以毫不夸张地说，毛泽东对三苏（苏洵、苏轼、苏辙）父子，特别是苏轼赞扬备至。那么，苏轼到底是怎样一个人物呢？

苏轼（1037—1101），字子瞻，号东坡居士，眉州眉县（今四川眉山）人，宋代大文学家、书画家。他是诗人，存诗2700多首，题材广泛，

---

① 龚固忠、唐振南、夏远生主编：《毛泽东回湖南纪实（1953—1975）》，湖南人民出版社1993年版，第45页。

② 舒湮：《一九五七年我又见到了毛主席》，《新华文摘》1989年第1期。

③ 公木：《毛泽东诗词鉴赏·代前言》，长春出版社1994年版，第7页。

④ 徐涛：《毛泽东勤奋刻苦读书学习的生活》，转引至徐新民主编：《在毛泽东身边》，中共中央党校出版社1993年版，第233页。

内容丰富多彩,诗风清新豪健;他存词 350 余首,其词突破词必香软的樊篱,开拓了豪放词派;其文明白畅达,是"唐宋八大家"之一;其赋亦颇有名,有《赤壁赋》《后赤壁赋》等世代相传;其书法用笔丰腴跌宕,有天真烂漫之趣,与蔡襄、黄庭坚、米芾并称"宋四家",其亦能画,喜作枯木怪石。总之,苏轼是文学史上难得的全才,对后世影响很大。

毛泽东对苏轼各方面评价都很高。首先,对苏轼的词,毛泽东极其推崇。他手书圈阅过的苏词就有 19 首之多。它们分别是《行香子·携手江村》《昭君怨·谁作桓伊三弄》《采桑子·多情多感仍多病》《满江红·东武南城》《江城子·天涯流落思无穷》《卜算子·缺月挂疏桐》《水龙吟·似花还似飞花》《水龙吟·小舟横截春江》《浣溪沙·山下兰芽短浸溪》《念奴娇·大江东去》《醉翁操·琅然》《哨遍·睡起画堂》《点绛唇·不用悲秋》《蝶恋花·春意阑珊芳草歇》《贺新郎·乳燕飞华屋》《洞仙歌·冰肌玉骨》《江城子·老夫聊发少年狂》《临江仙·夜饮东坡醒复醉》《水调歌头·明月几时有》。①

毛泽东不仅称赞《念奴娇·赤壁怀古》"是千古绝唱",而且曾手书过这首词。他还在自己写的《沁园春·雪》中点化苏词中"浪淘尽,千古风流人物","江山如画,一时多少豪杰",创造出"数风流人物,还看今朝"的名句。他在 1964 年写的《贺新郎·人猿相揖别》中的"上疆场彼此弯弓月"一句,当由苏轼词《江城子·密州出猎》中的"会挽雕弓如满月"句脱化而来。对于苏轼另一首代表作《水调歌头·明月几时有》,毛泽东也很熟悉。1958 年 5 月 6 日晚,夜已经很深了,毛泽东仍漫步在月光下。他突然问身边的工作人员:"你们说,是天上好,还是人间好?"接着他又自我回答,随口吟出苏轼的一首词:"明月几时有?把酒问青天……"②

对于苏轼的《洞仙歌·冰肌玉骨》,毛泽东更有妙论。1957 年 6 月,

① 毕桂发主编:《毛泽东评点历代名家词赏析》,中央文献出版社 2006 年版,第 353—403 页。

② 张建伟、邓琮琮:《中国院士》,浙江文艺出版社 1996 年版,第 252 页。

一天深夜，中南海派人来接词学专家冒广生（鹤亭）老先生，其子舒湮奉命陪父亲去见毛泽东。……后来他们谈到词的问题。冒广生提到，诗变为词，小令衍为长调，不外增、减、摊、破四法。蜀后主孟昶的《玉楼春》《冰肌玉骨》是两首七绝，经东坡的增字、增韵而成83字的《洞仙歌》。诗词贵简练含蓄，孟昶原意已足，东坡好事，未免文字游戏。毛泽东真是风趣地解人，他说："东坡是大家，所以论者不以蹈袭前人为非，如果是别人，后人早指他是文抄公了。"①

1958年3月成都会议期间，毛泽东还将《洞仙歌·冰肌玉骨》编入他亲自圈阅选编的《诗词若干首》（唐宋明朝诗人写的有关四川的一些诗和词）一书中。

（二）苏轼词名篇赏析

1. "《念奴娇·赤壁怀古》是千古绝唱"

毛泽东对苏轼非常推崇，曾多次评论苏轼及其作品。

1963年2月26日，毛泽东在中央工作会议上，同各大区第一书记谈话，有同志提到："轻声乐是抒情的，重音乐是战斗的。"毛泽东当即插话："那战士就没有抒情？诗、词也是一样，在同一朝代，如宋朝，有柳永、李清照一派，也有苏东坡、陆游一派。柳、李的作品只讲爱情。"②

苏轼是仁宗嘉佑三年（1058）进士，神宗时他反对王安石变法。王罢相后，何正臣等新进官僚弹劾苏轼"指斥乘舆""包藏祸心"，下狱，这就是北宋有名的文字狱"乌台诗案"。获释后，谪黄州。哲宗时为翰林学士，曾出知杭州、颍州，官礼部侍郎。绍兴初年，复行新法，贬惠州，再

---

① 舒湮：《一九五七年夏季，我又见到了毛主席》，见郭思敏：《我眼中的毛泽东》，河北人民出版社1990年版，第106—108页。

② 董学文、魏国英编著：《毛泽东的文艺美学活动》，高等教育出版社1995年版，第220页。

贬儋州。徽宗立，遇赦北还，卒于常州，谥文忠。其诗善用夸张比喻，在艺术表现方面独具风格；词开豪放一派，对后代很有影响。诗文有《东坡七集》等。

宋神宗元丰五年（1082）七月十六日，苏轼与友人泛舟游黄州赤鼻矶，归来写了《前赤壁赋》和《念奴娇·赤壁怀古》这首词。

苏轼的《念奴娇·赤壁怀古》，原文如下：

> 大江东去，浪淘尽、千古风流人物。故垒西边，人道是、三国周郎赤壁。乱石崩云，惊涛裂岸，卷起千堆雪。江山如画，一时多少豪杰！
>
> 遥想公瑾当年，小乔初嫁了，雄姿英发。羽扇纶巾，谈笑间、樯橹灰飞烟灭。故国神游，多情应笑我，早生华发。人生如梦，一樽还酹江月。

苏轼在黄州过的是贬谪生活，政治上十分失意，生活上非常困窘，但却仍然热情地关心国计民生。他在《与滕达道书》中说："虽废弃，未忘国家虑也。"因此，当时他的内心处于极度的矛盾之中：入世与出世、积极进取与清静无为、忧郁愤懑与旷达乐观、施展抱负与放情山水等，多重矛盾集于一身。本词就是在这种精神状态下写成的。

按内容划分，全词包括写景、怀古、伤今三部分。写景是为了更好地抒发怀古、伤今之情。

上阕即景怀古。

词一开始，先以阔大的气势、雄伟的笔触，将江山、历史、人物一起推出："大江东去，浪淘尽、千古风流人物。"这两句，包举了长江万里奔腾的气势和从古至今的历史烟云翻滚变迁的情况，为全篇打下了豪放的基调；同时，又由"大江"引出"赤壁"，由"风流人物"引出"周郎"，为下文设下伏笔。"浪淘尽"则将奔腾咆哮、滚滚东去的大江与古往今来的风流人物融合在一起，引出了怀古的幽情。

"故垒西边，人道是、三国周郎赤壁。"点出周郎与赤壁，将"风流人物"及其活动地点具体化。描写范畴从大到小、由面到点，转入对"怀古"这一中心主题的揭示。"人道是"三字，说明黄州赤壁仅是人们的传说，并非真正的破曹赤壁。接下去描写赤壁风光："乱石崩云，惊涛裂岸，卷起千堆雪。"用"乱"写石，形容其突兀交错，"崩云"形容其高耸挺拔，是仰视。用"惊"写涛，形容其声音洪大，"裂岸"形容其流势凶猛，"卷起千堆雪"，尤见其怒涛汹涌、浪花千叠之态，是俯视。三句中，"石""涛"是实写，"云""雪"是联想和比喻。"崩""裂""卷"三个动词，一方面表现了赤壁风光的雄奇险峻，同时也映衬出当年赤壁战场的气氛和声势。面对如此瑰丽壮阔的景象，作者不由发出"江山如画，一时多少豪杰"的赞叹。"江山如画"，承接上文，是赤壁风光的总括；"一时多少豪杰"，一方面呼应开端的"千古风流人物"，另一方面为下阕埋下伏笔。

下阕由古感今。

"遥想公瑾当年，小乔初嫁了，雄姿英发。"此三句写周瑜的年少英俊。"遥想"二字，承接上文，使上下阕文意更紧密。"小乔初嫁了"，写周瑜新婚未久，春风得意。此五字，看似闲笔，实际是衬托周瑜的风流英俊，既使作品增加了浪漫色彩，又突出了周瑜的年少，以便与久经沙场、老谋深算的曹操形成鲜明的对比。

"羽扇纶（guān）巾，谈笑间、樯橹灰飞烟灭。"写周瑜赤壁之战时的赫赫战功。作者从装束和神态两方面突出他的从容娴雅、指挥若定：大敌当前，不提枪握剑而持羽扇，不穿胄甲而戴纶巾，不是怒目疾呼而谈笑风生。寥寥几笔，就极其生动地刻画出"雄姿英发"的少年英雄形象。

苏轼写这首词时已46岁，不但没有建功立业，反而戴罪黄州。由古及今，从周瑜联想到自己，不免百感交集，于是接着写出了："故国神游，多情应笑我，早生华发。人生如梦，一樽还酹（lèi）江月。"想想周瑜，再看看自己，现在自己已满头白发，却仍对故国往事一片情深，真乃令人好笑。然而人生几何？何苦让种种"多情"萦绕心头，还是放眼大江，举酒赏月吧！这几句词意盘旋而下，思想由开朗转入低沉，最后发出无可奈何的叹惋。感情的激浪，到此出现一个极大的落差。这是历史与现状、理想与实际尖锐冲突之后，在作者心理上的一种折射。这种感情跌宕，从某种意义上说，更能引起读者的思考。

这首词是苏轼的代表作，在词的发展史上被视为豪放词的一颗明珠。词中视野开阔、气魄宏伟、想象丰富，善于运用联想、衬托、对照等手法进行概括，充分地体现了豪放词奔放旷达、雄浑开阔的风格，确实是"千古绝唱"。宋人俞文豹《吹剑续录》云："东坡在玉堂，有幕士善讴，因问：'我词比柳词何如？'对曰：'柳郎中词，只好十七八女郎，执红牙拍板，唱"杨柳岸晓风残月"；学士词，须关西大汉、执铁板，唱"大江东去"。'公为之绝倒。"这则故事，不仅说明它是苏轼的得意之作，也说明了它的豪放风格特点。

2."但愿人长久，千里共婵娟"

1950 年，毛泽东约请周世钊赴京参加国庆观礼。……10 月 5 日下午，在中南海毛泽东家的客厅里，周世钊见到了多年未见的老同学毛泽东。毛泽东精神焕发、红光满面，比原来胖了。这是中华人民共和国成立以后周世钊和他的第一次见面。周世钊和毛泽东紧紧握手，泪眼模糊地说："润之兄，我好想你啊！"毛泽东望着周世钊说："难道我就不想你吗？我梦见了你几次，每次梦醒我就默吟：'但愿人长久，千里共婵娟'……"寒暄之后，毛泽东就问周世钊到北京之后见到了哪些熟人。周世钊向毛泽东汇报说，见到了徐特老、谢觉老、熊瑾老、王季老。毛泽东听后马上嘱咐秘书打电话约这几位老人到他家里做客叙谈。①

毛泽东吟咏的这两句词，出自宋人苏轼的《水调歌头》。其原词如下：

> 明月几时有？把酒问青天。不知天上官阙，今夕是何年。我欲乘风归去，又恐琼楼玉宇，高处不胜寒。起舞弄清影，何似在人间。
>
> 转朱阁，低绮户，照无眠。不应有恨，何事长向别时圆？人有悲欢离合，月有阴晴圆缺，此事古难全。但愿人长久，千里共婵娟。

---

① 陈明新编著：《领袖情：毛泽东与周世钊》，中共中央党校出版社 1997 年版，第 127—128 页。

这是一首在中国文学史上久负盛誉的词。此词是宋神宗熙宁九年（1076），即农历丙辰年的中秋之夜，词人在任所密州（今山东诸城）超然台上饮酒赏月时所作。熙宁四年（1071），苏轼因与变法派不合，自请外任，至此时，离京游宦已近5年，作者也已40岁了。当时苏轼父母双亡，丧妻别子，而其弟苏辙又在齐州（今山东济南）李常幕府任职。他俩虽然都在京东，相隔不远，但也已有7年没有晤面。很快密州知州任满，他又要离去。所有这些，均使苏轼更觉孤寂，再加之政治上的不甚得意，使他不禁对月抒怀。所以，此词是酒后抒怀之作，同时又表达了对弟弟苏辙的思念。

　　本词通篇赋月，月是词的中心形象，却处处关合人事，表现出人与自然社会和谐的特点。它上阕借明月自喻清高，下阕用圆月衬托离别。

　　词一开头，苏轼就乘着酒兴，向茫茫青天发问："明月几时有？把酒问青天。"这是作者提出的第一个问题。当然，苏轼并非要计算月亮产生的年代，而是在抒发一种感想，是词人感到迷惘、倘恍和抑郁不平心绪的映现，蕴含着对现实社会不满的情绪。"明月"二句很容易使人想起屈原《天问》中的"天何所沓？十二焉分？日月安属？列星安陈？"和李白《把酒问月》中的"青天有月来几时？我今停杯一问之"的诗意。

　　"不知天上宫阙，今夕是何年。"这是词人提出的第二个问题。"不知"两句出自唐人韦瓘《周秦行纪》中的情节。小说里托名牛僧孺，有一次偶然走到一个地方，因请求借宿一夜，却无意中见到了古代的许多美人，如王昭君、绿珠、杨贵妃等等。美人们都作了诗，并要牛僧孺也作一首。于是他写道："香风引到大罗天，月地云阶拜洞仙。共道人间惆怅事，不知今夕是何年？"牛僧孺此诗又是运用《诗经·唐风·绸缪》中的"今夕何夕，见此良人？"的诗句，表达了作者极为惊喜的感情。这两句是说，不知道今天晚上是天上的什么好日子，为什么今晚的月亮会这样美好呢？所以，它既突出了词人对月亮的赞美，也隐含着对现实社会的不满，为下文作者写幻想游仙作了铺垫。

　　"我欲乘风归去，又恐琼楼玉宇，高处不胜寒。起舞弄清影，何似在人间。"上天而称"归去"，是因为古人迷信，认为才华出众的人，都是天上的星宿下凡，所以上天犹如归家。而且归去的方式是"乘风"，即后世小说中所说的腾云驾雾。《列子·黄帝篇》说，列子从周老商氏学道，达到物我两忘："心凝形释，骨肉都融，不知形之所倚，足之所履，随风东西，犹木叶干壳。意不知风乘我邪？我乘风乎？"作者用此典，暗含忘掉一切之意，表现了他醉后那种飘然若仙的神态，故人们称他为"坡仙"。接下来"又恐"二句，是全词的第一个转折。"琼楼玉宇"，指月中用美玉砌成的宫殿。《大业拾遗记》载："瞿乾祐间尝于江岸玩月，或问此中何有。瞿笑曰：'可随吾指观之。'俄见月规半天，琼楼玉宇烂然……""高处"句，典出《淮南子·天文训》："积阴之寒气为水，水气之精者为月。"又《龙城录·明皇梦游广寒宫》载，唐玄宗游月宫，见一大宫府，榜曰"广寒清虚之府"。后人因称月宫为广寒宫。此皆月宫寒之所本。词人担心自己经不起月宫的寒冷，所以又不敢"归去"。于是又有了第二个转折，写了不愿归去，其原因是"起舞弄清影，何似在人间"！此受李白《月下独酌》中"我歌月徘徊，我舞影凌乱"诗意的启发。"弄清影"，指月宫起舞，清影随人。"何似"，哪像。这二句意谓上天之后在月宫中跳舞，清影随人，像月宫中的寂寞嫦娥一样，清冷的月宫怎比得上人间生活美好。这时作者的思想从天上的幻境回到了地上的现实，表现了作者对人间生活的赞美和热爱。

"转朱阁，低绮户，照无眠。"词换头处三句意谓月光转移，照遍了朱红的楼阁，又低低地透进雕花的门窗里，照着有心事不能安眠的人。一个"转"字，写出了赏月之间，时光暗暗地、缓缓地过去的情状；一个"低"字，更见出月已平西，渐渐斜落下去的氛围，恰切地传达出赏月人的心情：刚才是举杯望月，兴高采烈；渐渐地随着夜深，豪兴已经收敛，转入到一种深沉的思绪里去了。"无眠"当指作者及其弟子由，甚至包括那些因有离愁别恨而无眠的人。

"不应有恨，何事长向别时圆？"两句，承"照无眠"而下，笔法浏漓顿挫。表面上是恼月照人、增人"月圆人不圆"的怅恨，实际上是抱着怀人心事，借见月而表达。宋司马光《温公续诗话》引石曼卿诗句"月如无恨月长圆"，说的是月缺示有恨，无恨应长圆。这里更进一层，说："月亮既圆，便不应有恨了，但为什么偏偏要趁着人们离别的时候圆呢？"这就使人在相形之下，更加重自己的离恨。

"人有悲欢离合，月有阴晴圆缺，此事古难全。"此三句是全词的第三个转折。三句从"别时圆"生发而来。意谓知人之"悲欢离合"与月之"阴晴圆缺"，实自古而然。既如此理，便不应对圆月而感别离，生无谓的怅恨。从感情转入理智，对人生宇宙作总的探索，并用形象化的语言，表达一种普遍而深刻的哲理，也转而对上述疑问作出解答。想到这里，作者的沉郁心情因自然现象的启示而得到了安慰，同时，也以此来劝慰其弟子由。

亲人间的团圆既不能强求，值此中秋月圆之夜，则唯有"但愿人长久，千里共婵娟"了。最后这一转，表达了作者的乐观、旷达。"婵娟"，颜色美好之态。此指月色，一说美女之称，这里指月里的嫦娥，代指月亮。此二句虽从南朝宋人谢庄的《月赋》中"美人迈兮音尘阙，隔千里兮共明月"化出，然而苏轼加"但愿"二字，转出更高的思想境界，向世界所有离别的情人（包括自己的弟弟），致以美好的祝愿，给全词增添了积极奋发的意蕴。

这首词是苏词的代表作之一。它想象奇异、蹊径独辟，极富浪漫色彩。从格调上看，它"一洗绮罗香泽之态，摆脱惆怅寂寥婉转之度，使人登高望远，举首高歌"（胡寅《酒边词序》），是历来中秋词中的绝唱。

3."小舟从此逝，江海寄余生"

1956 年夏，毛泽东到大江南北视察。5 月底在长沙，毛泽东看到湖南各方面形势很好，十分高兴。他对周小舟说："苏东坡讲'驾一叶之扁舟'，那说的是小舟，你已经不是小舟了。你成了承载几千万人的船了。"[1]

毛泽东又说："苏东坡驾一叶之小舟，那说的是小舟，'小舟从此逝，江海寄余生'，是追求小我的自由。"[2]

---

[1] 赵志超：《毛泽东和他的父老乡亲》，湖南文艺出版社1992年版，第401—402页。
[2] 龚固忠、唐振南、夏远生主编：《毛泽东回湖南纪实（1953—1975）》，湖南出版社1993年版，第45页。

毛泽东所说的周小舟（1912—1966），湖南湘潭人。延安时期曾任毛泽东秘书。后曾任中共冀中区委员会委员、宣传部部长。中华人民共和国成立后，曾任中共中央候补委员、湖南省委第一书记。1959年8月，在中共八届八中全会上，被错误地定为"彭德怀、黄克诚、张闻天、周小舟反党集团"成员。1981年6月27日，中共十一届六中全会通过的《关于建国以来党的若干历史问题的决议》指出："八届八中全会关于所谓'彭德怀、黄克诚、张闻天、周小舟反党集团'的决议是完全错误的。"

毛泽东谈话中所说苏东坡"驾一叶之扁舟"，见于宋人苏轼《经进东坡文集事略·前赤壁赋》，而"小舟从此逝，江海寄余生"，则见于苏轼词《临江仙·夜归临皋》。其原文是：

> 夜饮东坡醒复醉，归来仿佛三更。家童鼻息已雷鸣。敲门都不应，倚杖听江声。
> 长恨此身非我有，何时忘却营营？夜阑风静縠（hú）纹平。小舟从此逝，江海寄余生。

王文浩《苏诗总集》题作《壬戌九月，雪堂夜饮，醉归东皋作》。雪堂是苏轼在黄冈东面的东坡所筑的房子。临皋在黄冈南长江边上，苏轼的寓所在此。

这首词写于宋神宗元丰五年（1082）九月，记叙深秋之夜词人在东坡雪堂开怀畅饮，醉归临皋时的情形，抒发了他欲要放浪于山水之间的情怀。

上阕叙事。"夜饮东坡醒复醉，归来仿佛三更。"起首二句点明夜饮的地点、醉酒的程度和归来的时间。饮酒而至沉醉，当他回到临皋时，自然已经很晚了。"醒复醉"表现了他饮酒的豪兴。"仿佛"二字，传神地刻画出了词人醉眼蒙胧的情态。

接着，三句写词人已回到寓所门外停留下来的情景："家童鼻息已雷鸣。敲门都不应，倚杖听江声。"因为夜阑人静、万籁俱寂，所以词人伫立门外，能听到门里家童的鼾声。也正因为四周极其静谧，所以词人在敲门不应的时候，能够悠然"倚杖听江声"。读到这里，一位风神萧散的词人形象便浮现在我们的眼前了。从艺术手法上来看，家童的鼻息声、词人的敲门声、长江的波涛声，都是以动衬静，以有声衬无声，就把夜之静、夜之深完全衬托出来了，使人有身临其境之感。

下阕抒情。"倚杖听江声"，这个富有启发性的句子很自然地引出下阕的内容。"长恨此身非我有，何时忘却营营？"两句都是用典，上句化用《庄子·知北游》"汝身非汝有也"句；下句化用《庄子·庚桑楚》"全汝形，抱汝生，无使汝思虑营营"。意思是说，一个人的形体精神是天地自然赋予的，此身非人所自有。为人当守本身，保其生机，不要因世事而思虑百端，随其周旋忙碌。这两句直抒胸臆的议论中充满着哲理意味。苏轼在政治上受了大挫折，忧惧苦恼，向老庄思想寻求超脱之方。词人静夜沉思，豁然有悟，既然无法掌握自己的命运，就应当全身远祸。顾盼江山上的景色，是"夜阑风静縠纹平"，心与境会、神与物游，为此静谧美好的大自然所陶醉了。对于历尽宦海风波、九死一生的词人来说，现在置身于这宁静、旷阔的大自然中，会感到一种精神上的解脱。官场的忧愁烦恼、人生的得失荣辱，刹那间都被老庄的"出世"思想所代替，进而追求一种新的人生。于是他情不自禁地产生脱离现实社会的浪漫主义遐想，唱道："小舟从此逝，江海寄余生。"他要趁此良辰美景，驾一叶扁舟，随波流逝，任其东西，将自己的有限生命融化在无限的大自然之中。末二句写得多么飘逸，又多么富于浪漫情调。这样的诗句，也只有从东坡磊落豁达的襟怀中才能流出，遂成千古名句。

毛泽东批评苏轼是"追求小我（个人）的自由"，教育周小舟作为省委书记，应做承载全省人民的"大船"，即为全省人民谋福祉，意味深长。

（三）辛弃疾词"慷慨纵横，有不可一世之概"

1、辛弃疾词"慷慨纵横，有不可一世之概"

毛泽东对豪放派的代表人物辛弃疾评价很高。他曾赞扬说，辛词"慷慨纵横，有不可一世之概"①。1964年12月，毛泽东的秘书胡乔木因病休养期间，写了一些旧体诗词送毛泽东、陈毅、康生等阅改。毛泽东仔细作了修改，并多次同有关人员谈起胡的诗词。胡乔木在给毛泽东的信中说："康生同志告知，你说词句有些晦涩，我完全同意，并一定努力改进。"陈毅在1965年1月20日给胡乔木的信中也说："那天在主席处，主席说乔木词学苏辛，但稍晦涩。"有一次，在钓鱼台十号楼吃饭时，康生对周总理和陈毅又讲起乔木的诗，他说主席让我转郭老看。主席说，诗底气不足，姜夔风格。总理哈哈大笑说："我赞成，我赞成。"②由此可见毛泽东对于辛弃疾的重视。

辛弃疾（1140—1207），字幼安，号稼轩，历城（今山东济南）人。他出生时宋室已南渡13年。宋高宗绍兴三十一年（1161）22岁时，聚众2000人，起事抗金。后加入农民耿京起义队伍，任为掌书记，共图恢复。次年，奉耿京之命，赴建康（今江苏南京）奏归附事。归途中得知耿京被降金的张安国所杀，毅然率50骑突袭济州，擒张安国，押回行在斩首示众。此壮举盛传一时。南归后，历任湖南、江西、福建等地安抚使等职。其间写成《美芹十论》《九议》等奏章，提出抗金大政方略，且引来主和的权臣的忌恨。宋孝宗淳熙八年（1181）被弹劾落职，退居江西上饶带湖，后迁至铅山瓢泉。自谓"人生在勤，当以力田为先"，因此以"稼"为轩，自号"稼轩"。此后20余年，除短暂赴福建、镇江、浙东任职外，主要闲居乡间。宋宁宗嘉泰三年（1203）被起用，先后至绍兴府兼浙东安抚使、知镇江府。终因言官弹劾罢职，不久病卒于铅山。

---

① 公木：《毛泽东诗词鉴赏·代序言》，长春出版社1994年版，第7页。
② 黎之：《文坛风云录》，河南人民出版社1998年版，第424页。

辛弃疾词风以慷慨悲壮为主，与苏轼同为豪放派的代表，时称"苏辛"。然亦不拘一格，兼有苍凉、婉转、明丽、俊秀等多种风貌。善于用典，亦长白描，刚柔相济，灵活多样。有《稼轩长短句》（12 卷）与《稼轩词》（4 卷）两种刊本。

毛泽东对辛弃疾和他的词有相当高的评价。20 世纪 50 年代初在离开莫斯科前夕，他读了刘少奇关于新解放区土地改革和征集粮食的一份草案电函，很有感触，顿时吟诵了辛词《水调歌头·盟鸥》和《沁园春·将止酒，戒酒杯使勿近》。他对翻译师哲说："辛弃疾可算一代诗翁、大家风范，可惜抱恨终生。"①

毛泽东对辛弃疾的事迹也颇为关注。他曾圈阅过明人张以宁称颂辛弃疾的七律《过辛稼轩神道》。后来，他又在庐山索阅《铅山县志》。铅山是辛弃疾晚年侨居之地，至今该县阳原山中尚有辛弃疾的墓。

1952 年 10 月 27 日，毛泽东考察了济南。据毛泽东卫士李家骥回忆，毛泽东在罗瑞卿、许世友陪同下进行了参观。……毛泽东说："山东作为最高一级的政区名称，是从金代开始的。山东这块富饶的土地养育了炎黄子孙和众多的名人志士。据说三皇五帝中的舜帝和大禹都曾生活在这里。孔子、孟子、左丘明、孙武、孙膑、诸葛亮、王羲之、黄巢、李清照、辛弃疾、戚继光、蒲松龄等，都是山东人，他们为山东增光添彩，也为中国历史作出贡献。"又说："济南自古以来，就是交通枢纽、北方重镇，也是文化名城。孟姜女哭长城的故事，就发生在济南南部，她哭的是齐长城，不是秦长城。大诗人杜甫、李白、苏轼等都来过济南。而辛弃疾、李清照、蒲松龄则长期生活在这里。所以济南自古就有'诗城'和'名士多'的美誉。"②

在这次考察济南的过程中，毛泽东两次提到辛弃疾是山东名人，"为山东增光添彩，也为中国历史作出贡献"。

---

① 邱延生：《历史的真情——毛泽东两访莫斯科（1949—1957）》，新华出版社 2004 年版，第 262 页。

② 杨庆旺编著：《毛泽东指点江山》，中央文献出版社 2000 年版，第 1148—1149 页。

古诗词家都认为辛弃疾是豪放派正宗，毛泽东也称赞辛词"慷慨纵横，有不可一世之概"。辛弃疾有两首关于京口北固亭的怀古词：一首是《永遇乐·千古江山》，题目是《京口北固亭怀古》；另一首是《南乡子·何处望神州》，题目是《登京口北固亭有怀》。对于前者，毛泽东在读朱彝尊等编的《词综》和1959年中华书局影印宋本《稼轩长短句》时，曾多次圈画过这首词；对于后者，1957年3月20日，毛泽东由南京飞往上海，当飞机飞临镇江上空时，毛泽东挥笔写下了这首词。

毛泽东的秘书田家英曾告诉诗人臧克家，主席的某首诗开头，是有意模仿这首词的。① 目前还不知道是哪一首，从已经公开发表的67首毛泽东诗词里，尚难确定是哪一首，或另有词稿存焉。

辛弃疾南归后，不被重用，长期落职闲居。他的词，有相当数量是抒发对往昔战斗生活的怀念和壮志难酬的苦闷。毛泽东对这类作品也圈阅不少。例如《破阵子·醉里挑灯看剑》，毛泽东对这首词，至少圈画两遍以上。在一本《词综》中，他在这首词的天头上画着一个大圈，还在中间加了一点。《水调歌头·落日塞尘起》这首词，毛泽东也至少圈画过两遍。标题的天头上，画着大的圈记。他还细心地在一本《词综》里把"列舰耸层楼"中印错的"槛"字改为"舰"字。

1957年11月17日，毛泽东在莫斯科大学会见我国留学生和实习生后回到住处。当他得知卫士张仙朋还在写日记，就要看他的日记。毛泽东翻看了张仙朋的几篇日记，随即拿起钢笔在他的日记本上写了几首古典诗词，两首是王昌龄的《从军行》，一首是辛弃疾的《摸鱼儿·更能消、几番风雨？》一词，还向张仙朋讲解了诗词的意思。②

据毛泽东的秘书谢静宜回忆，毛泽东喜爱的诗词一般是爱国的、有骨气、有气派的佳作。如……辛弃疾的《南乡子》《摸鱼儿》，陈亮的《念奴娇》等等。③

---

① 张贻玖：《毛泽东评点、圈阅的中国古典诗词》，中国工人出版社1992年版，第204页。

② 《怀念毛泽东同志》，人民文学出版社1980年版，第141页。

③ 《人物》1998年第9期。

毛泽东对辛词进行多角度的解读。1964 年 8 月 24 日，毛泽东同北京大学原副校长周培源和中共中央宣传部科学处处长、国务院科委副主任于光远谈话。当讲到地动说时，毛泽东谈到了的辛弃疾的《木兰花慢·可怜今夕月》这首词。词人写了一个小序："中秋饮酒，将旦，客谓前人诗词有赋待月无送月者，因用《天问》体赋。"

《天问》是战国时期楚国大诗人屈原写的一首长诗，向天体宇宙及神话历史提出 160 多个疑问。词人在中秋之夜与朋友饮酒赏月即将天明，用天问的形式送月亮西落，写这首词。在词中对月亮的运行沉浮及圆缺一连提出七个耐人寻味的问题，尤其是对月亮绕地球转的哲理性推测，反映了古人对天体学的认识程度。毛泽东在这首词的标题前连画三个大圈；对小序中每一句话，都加了圈点；对词中每个疑问句后，都画着一个大大的问号。

辛弃疾是生活在 800 多年前的一位词人，他细致地观察月亮升落的现象，想象到月亮是转动的，从我们看到月亮是"去悠悠"，而那一边可能"是别有人间"，这就接触到了月亮绕地球转的问题，很了不起。

毛泽东对于辛词的多种风格的作品都很欣赏。1947 年，我军实行战略转移，主动撤离延安时，有过一段非常艰苦的行军。当时天气很热，战士们一连翻过五个山头，找不到水喝，大家都很疲惫。当走到有几棵小树的地方休息时，迎面吹来一点微风，毛泽东笑着说："这里好，这里好，这里是'山路风来草木香'啊！"[1] 大家顿时被他引用的诗句所振奋而忘记了劳顿和干渴。

"山路风来草木香"出自辛词一首《定风波》首句。这首《定风波》题作《用药名招婆源马荀仲游雨岩》。自注："马善医。"马是一位名医。词人邀他同游雨岩，故词中嵌有木香，雨余凉（雨余粮）、石膏、防风、常山、知子（栀子）、海早（海藻）、甘松等药名，写成一首有趣的药名词，既记游踪，又抒友情，十分巧妙，兴味盎然。毛泽东用来鼓舞士气，

---

① 张贻玖：《毛泽东评点、圈阅的中国古典诗词》，中国工人出版社 1992 年版，第 205 页。

非常得体。

毛泽东还手书过辛弃疾如下词作：《菩萨蛮·郁孤台下清江水》《摸鱼儿·更能消、几番风雨？》《贺新郎·甚矣，吾衰矣》《贺新郎·别茂嘉十二弟》《南乡子·何处望神州》《永遇乐·千古江山》《太常引·一轮秋影转金波》以及《贺新郎·甚矣吾衰矣》一词从开头至"我见青山多妩媚"、《西江月·昨夜松边醉倒》中"昨夜松边醉倒，问松："我醉何如？只疑松动要来扶，以手推松曰：'去！'"①

（四）辛弃疾词名篇欣赏

1."更能消、几番风雨？"

毛泽东分别用毛笔和铅笔两次手书过这首《摸鱼儿·更能消、几番风雨？》词②。

辛弃疾的《摸鱼儿·更能消、几番风雨？》一词前有小序云：

淳熙己亥，自湖北漕移湖南，同官王正之置酒小山亭，为赋。

更能消、几番风雨？匆匆春又归去。惜春长怕花开早，何况落红无数。且直住，见说道、天涯芳草无归路。怨春不语。算只有殷勤，画檐蛛网，尽日惹飞絮。

长门事，准拟佳期又误。蛾眉曾有人妒。千金纵买相如赋，脉脉此情谁诉？君莫舞，君不见、玉环飞燕皆尘土！闲愁最苦。休去倚危栏，斜阳正在、烟柳断肠处。

---

① 中央档案馆编：《毛泽东手书选集·古诗词》下册，北京出版社 1994 年版，第 137—152 页。

② 同上，第 138—141 页。

宋孝宗淳熙六年（1179）三月，辛弃疾由湖北转运副使（治所鄂州在今湖北武昌）调往湖南。同僚王正己（字正之）接其任，在鄂州东漕司衙乖崖堂的小山亭上，为辛弃疾置酒钱行。这首词就写在临别的宴席上。

词的上阕写景。起句从千回百转中倒折出来，说已经遭受无数风风雨雨，哪能再经受得起，又一个大好春天匆匆逝去。由于珍惜春光到来不容易，所以常常怕花过早地开放，更何况现在又是遍地落红、满目狼藉的时候。从字面上看，作者只是惜春，却暗寓着对国势危殆、春意阑珊的哀愁。"且直住"以下是留春之词。词人悲伤地喊出：春天啊，你且暂时停住。听说天涯遍地芳草，已遮住你归去的路。但是春光依然悄悄溜去。只有蜘蛛还在屋檐下殷勤地织着丝网，沾惹那些残絮飞花。沈祥龙《论词随笔》曾说："感时之作，必借景以形之。如稼轩云'算只有殷勤，画檐蛛网，尽日惹飞絮'……不言正意，而言外有无穷感慨。"这句影射春光已逝、河山残破，也只有少数爱国志士力图恢复挽回颓势，但又有多大效果呢？表现出作者对前途的无限隐忧。

下阕抒情，用汉武帝陈皇后失宠的典故。陈皇后本为汉武帝的宠妃，后被打入长门宫。她听说司马相如文章写得好，就送黄金百斤，请他写了一篇《长门赋》，为了使汉武帝感悟。但因为遭人妒忌，终未得宠幸。"蛾眉"指美女的眉毛。屈原《离骚》："众女嫉余之蛾眉兮，谣琢谓余以善淫。"指受嫉妒而遭排斥陷害。辛弃疾借《长门赋》说，即使用千金请司马相如作赋，向皇帝剖明自己受到嫉妒，但始终也得不到理解，内心的愁苦又向谁倾诉呢？作者以此表达了自己坚持抗战、反对和议，受到主和派的诬陷排斥、悲怨难诉的心情。他在《淳熙己亥论盗贼札子》中，说当时的处境是"臣孤危一身久矣，荷陛下保全，事有可为，杀身不顾"。又说："臣生平则刚拙自信，年来不为众人所容，顾恐言未脱口而祸不旋踵。"这是作者一片忠心不为理解反遭排挤的痛苦心声。

"君莫舞"三句，"君"指主和投降派。他们正得势时，手舞足蹈、得意忘形。但历史上得宠之人也都没有好下场。唐玄宗的宠妃杨玉环被赐死于马嵬坡，汉成帝的宠后赵飞燕被废为庶人而自杀。你们且慢得意，难道忘记了杨玉环、赵飞燕都死于非命化为尘土了吗？这是对当权的奸佞群小迎头怒喝。"闲愁最苦。"不被重用而又无人理会，一事无成而又遭人冷落，闲暇却最为苦闷。这是报国无路的怨愁。

"休去倚危栏，斜阳正在、烟柳断肠处"，结尾三句说，不要再登高远眺了，夕阳即将西沉，暮烟笼罩着衰柳，这一幅凄黯的景色真使人伤怀啊！《蓼园词评》曾评论说："辞意似过于激切。第南之初，危如累卵。'斜阳'句，亦危言耸听之意耳。"表达了辛弃疾对南宋日益衰危的伤感，使人魂销肠断，寄托着对故国的哀思。当时鄂州知州赵善括曾有一首和词，结尾说："望故国江山，东风吹泪，渺渺在何处？"这道出了"休去倚危栏"的原因。

清陈廷焯《白雨斋词话》评此首："词意殊怨""极沉郁顿挫之致"。全词曲折地反映了作者在主和势力的疑忌排挤下的愁闷悲愤心情。据宋罗大经《鹤林玉露》曾说，孝宗赵眘（shèn）见此词"颇不悦"，可见已刺痛了南宋当权者。梁启超对此词评价甚高，说："回肠荡气，至于此极。前无古人，后无来者。"

2. "生子当如孙仲谋"

1957 年 3 月 20 日 13 时至 14 时，毛泽东由南京飞往上海途中，大部分时间在学英语；当飞机飞临镇江上空时，他书写了辛弃疾的词《南乡子·登京口北固楼有怀》，并向随行的秘书林克解释了这首词的意思和词中的典故。他说辛词里的"不尽长江滚滚流"是借引杜甫诗里的句子。"生子当如孙仲谋"是借用曹操的语句。他讲到《三国演义》中曹操煮酒论英雄一节时说，曹操说："夫英雄者胸怀大志，腹有良谋，有包藏宇宙之机，吞吐天地之志者也。"刘备问："谁能当之？"曹操以手指刘备又自指说："今天下英雄，唯使君与操耳。"接着，毛泽东指出："尽管刘备比曹操所见略逊，但刘备这个人会用人，能团结人，终成大事。"[①]

1975 年 5 月 3 日，毛泽东召集在京政治局委员开会。在会议快结束

---

① 龚育之、逄先知、石仲泉：《毛泽东的读书生活》，生活·读书·新知三联书店 1986 年版，第 261—262 页。

时，毛泽东念了辛稼轩的一首《南乡子》中的两句："天下英雄谁敌手？曹刘，当今惜无孙仲谋。"他指着叶剑英说："他看不起吴法宪。刘是刘震，曹是曹里怀，就是说吴法宪不行。"毛泽东让叶剑英念这首《南乡子》。叶剑英随口念了出来。毛泽东很高兴，对大家说："此人有文化。"他指的是叶剑英，并且又重复了一遍刚才念过的这首词中的那两句，以及吴法宪不行，曹、刘为谁的话。①

辛弃疾一生坚决主张抗金，提出不少恢复失地的建议，要求加强战备，恢复中原，统一中国，均未被采纳，并遭受到主和派的打击，曾长期落职闲居于江西上饶一带。

其词抒写力图恢复国家统一的爱国热情，倾诉壮志难酬的悲愤，对南宋上层统治集团的屈辱投降进行揭露和批判，也有不少吟咏祖国河山的作品。艺术风格多样，以豪放为主，热情洋溢，慷慨悲壮，笔力雄健

辛弃疾《南乡子·何处望神州》原文是：

> 何处望神州？满眼风光北固楼。千古兴亡多少事，悠悠。不尽长江滚滚流。
>
> 年少万兜鍪，坐断东南战未休。天下英雄谁敌手？曹刘。生子当如孙仲谋。

《南乡子》，原为唐教坊曲名，后用作词牌名。此调多用以咏江南风物，所以得名，又叫《好离乡》《蕉叶怨》。本是单调，经冯延巳重填一片，便成了双调。定格上、下阕各五句，共56个字。两阕第一、二、四、五句都押平声韵。

京口是江苏省镇江的旧名。城西北有陡峭挺拔的北固山，山上有北固亭。南宋嘉泰四年（1204）正月，65岁的抗金老将辛弃疾，受到宁宗皇帝召见，支持平原郡王韩侂胄抗金北伐的重大决策。3月，辛弃疾以参赞

---

① 李林达：《情满西湖——毛泽东在浙江纪实》，中央文献出版社1993年版，第239—240页。

四、「也有苏轼陆游一派」

军事的身份受命出知镇江府。他与友人姜夔登上北固亭，写下了这首词与《永遇乐·何处望神州》。题目标明"京口北固亭有怀"，是在怀念古代与京口有关的英雄人物。

"何处望神州？"词的上阕写景而兼叙事。首句却从眼前写起。"神州"指中原地区，已沦陷很久，尽力北望也望不见，所以作者万分感慨说：中原在哪里？收入眼底的只有北固楼。据《方舆胜览》载："北固山在州北一里，回岭下临长江，其势险固。"又说："北固楼在北固山上，天色晴明，望见广陵城，如青霄中鸟道。"广陵城即扬州，再往北可从两淮直入山东、河北，这是当年辛弃疾抗击金军南归之路，也是他日夜盼望北伐进军之路。当他登临北固亭远眺广陵时，不只自身往事滚滚而来，而是"千古兴亡多少事"，连绵不断，涌集心头，正如那不尽长江，滚滚滔滔，日夜奔流。上阕所写一半景一半情，皆从"望"中而来，但却思绪万端，欲说又无从写起。千古成败，兴盛衰亡，悠悠往事，多少风流人物，正像那无边落木，唯有"不尽长江滚滚流"。

下阕则直抒胸臆，提出从京口起家的孙权。孙权为吴王时，才19岁，统率东吴千军万马，与北方曹魏抗衡，雄踞东南。据《三国志·吴书·吴主传》引《吴历》记载，曹操南下与孙权对垒濡须口，孙权乘轻船闯入曹军，曹操见东吴"舟船器仗军伍整肃，怅然叹曰：'生子当如孙仲谋，刘景升儿子若豚犬耳。'"，刘景升的儿子是刘琮，继承父业坐镇荆州，曹军一到就望风投降，所以曹操说他如同猪狗一样。辛弃疾用典直引曹操称赞孙权的话，借以讽刺南宋屈辱求和，是像刘琮一样的豚犬之辈。而其"天下英雄"句，亦化用曹操语。《三国志·蜀书·先主传》载，曹操与刘备青梅煮酒论英雄，曾说："今天下英雄，惟使君（刘备）与操耳。"

然当时能称为敌手与曹、刘抗衡的，也只有孙仲谋。陈廷焯《词则》曾评尾句："信手拈来，自然合拍。"辛弃疾借曹操之口，热烈称赞了"坐断东南"、敢于进击北方强敌的孙权，痛斥了畏敌如虎、屈膝投降的刘琮。在南宋偏安江左四五十年之际，大声疾呼"生子当如孙仲谋"，则有严整军备、振奋士气、北伐中原、威慑强敌的现实意义，闪烁着炽烈的爱国主义光辉。

毛泽东喜读这首词，并用"生子当如孙仲谋"称赞叶剑英元帅，十分得体。

3. "当月亮从我们这里落下去的时候，它照亮着别的地方"

1964年8月24日，毛泽东在同周培源、于光远谈话时说：

"今天我找你们来，是研究一下坂田的文章。坂田说基本粒子不是不可分的，电子是可分的。他这样说是站在辩证唯物主义立场上的。

"世界是无限的。世界在时间上、在空间上都是无穷无尽的。在太阳系外有无数个恒星，太阳系和这些恒星组成银河系。银河系外又有无数个'银河系'。宇宙从大的方面看来是无限的。宇宙从小的方面看来也是无限的。不但原子可分，原子核也可分，电子也可以分，而且可以无限地分割下去。庄子讲'一尺之棰，日取其半，万世不竭'，这是对的。因此，我们对世界的认识也是无穷无尽的。要不然物理学这门科学就不再会发展了。如果我们的认识是有穷尽的，我们已经把一切都认识到了，还要我们这些人干什么？

"人对事物的认识，总要经过多少次反复，要有一个积累的过程。要积累大量的感性材料，才会引起感性认识到理性认识的飞跃。……

……

"事物在运动中。地球绕太阳转，自转成日，公转成年。哥白尼的时代，在欧洲只有几个人相信哥白尼的学说，例如伽利略、开普勒，在中国一个人也没有。不过宋朝辛弃疾写的一首词里说，当月亮从我们这里落下去的时候，它照亮着别的地方。晋朝的张华在他的一首诗里也写到'太仪斡运，天回地游'。"①

《自然辩证法研究通信》1964年第3期，刊载了日本物理学家坂田昌一的文章《关于量子力学理论的解释问题》。坂田说基本粒子不是不可分的，电子是可分的。他这样说是站在辩证唯物主义立场上的。毛泽东很感

----

① 《关于人的认识问题》，《毛泽东文集》第八卷，人民出版社1999年版，第389—390页。

兴趣，因此邀周培源、于光远来谈坂田的文章。

谈话中提到的哥白尼（1473—1543），波兰天文学家。在《天体运行论》一书中，证明地球绕自己的轴旋转，并和其他行星一起，围绕着太阳旋转，推翻了约两千年来的"地球不动说"。

毛泽东所说的伽利略（1564—1642），意大利物理学家、天文学家。1632年发表《关于托勒密和哥白尼两大世界体系的对话》，支持和发展了哥白尼的"地动说"，次年被罗马天主教法庭判罪。

开普勒（1571—1630），德国天文学家，著有《哥白尼天文学概论》。

辛弃疾一生主张抗金，反对妥协投降，要求加强战备，激励士气，恢复中原，统一中国。其词抒写力图恢复国家统一的爱国情怀、倾吐壮志难酬的悲愤，也有不少吟咏祖国山河的作品。毛泽东在这次谈话中提到的一首词，即他的《木兰花慢·可怜今夕月》。其原文是：

可怜今夕月，向何处，去悠悠？是别有人间，那边才见，光影东头？
是天外，空汗漫，但长风浩浩送中秋？飞镜无根谁系？姮娥不嫁谁留？
谓经海底问无由，恍惚使人愁。怕万里长鲸，纵横触波，玉殿琼楼？
虾蟆故堪浴水，问云何玉兔解沉浮？若道都齐无恙，云何渐渐如钩？

这首词正文前有一小序云："中秋饮酒，将旦，客谓前人诗词有赋待月而无送月者，因用《天问》体赋。"此诗以一连串的探寻追问（所谓"天问体"），使用横向罗列意象，构成并发共存的艺术结构。

词的上阕写月亮从天空降落。"可怜今夕月，向何处，去悠悠？"开头三句意谓美丽的中秋明月，你悠悠飞去，将飞向何方？对西落之月的去向表示关注。"是别有人间，那边才见，光影东头？"接下来三句是说，你是否进入另一个世界，在那里看见你从东方刚刚升起。

"是天外"以下五句，诗人继续发问：也许你飞往天外无限的宇宙，长风吹动你照临人间，送来中秋佳节？高空明月，飞耀中天，是谁把它系住不坠？它系在何处？是怎样系住的？嫦娥奔月独居，离弃丈夫不嫁，是谁把她羁留住的？词人在远古神话基础上，就眼前中秋景色，作了新的妙趣横生的联想，意象生动，逸趣横生。

下阕写月亮从海底经过。"谓经海底"以下七句是说：有人说你西落之后曾从海底经过，虽然这说法无从问明白，令人恍惚。只怕你要遭到万丈长鲸的疯狂冲撞，月宫中的玉殿琼楼岂不要坍塌？虾蟆本来会水，进入海里没有妨碍；可是，那不识水性的玉兔怎么也能劈波斩浪，安然通过？

"若道都齐无恙，云何渐渐如钩？"末二句承上诸问作总的发问与收结：如果说上述这一切都使你明月完整无缺、安然无恙，那么月亮为何变成弯钩？

这首词是作者经过仔细的观察，发挥丰富的想象，看到月亮由东升起，至西落下，再经由海底回到东方，于是又从东方升起，到西方落下，循环往复，以至无穷，猜想到地球是圆的和月亮绕地球旋转。这在天文史上是个假设。近人王国维在《人间词话》讲到这首词时说："词人想象，直悟月轮绕地之理，与科学家密合，可谓神悟。"

毛泽东很喜欢这首诗，除艺术上的欣赏外，还十分欣赏词人辩证思维的深刻性。

毛泽东谈到的张华（232—300），字茂先，范阳方城（今河北固安南）人，西晋大臣、文学家。晋初任中书令，加散骑常练。惠帝时，历任侍中、中书监、司空。后被赵王（司马伦）和孙秀所杀。以博洽著称，其诗辞藻华丽，后人评为"儿女情长，风云气少"（《诗品》）。

张华的《励志诗》是一首73句的四言古诗，共分九章。毛泽东在谈话时的两句见于第一章。原诗为：

> 太仪斡运，天回地游。四气鳞次，寒暑环周。星火既夕，忽焉素秋。凉风振落，熠燿宵流。

《励志诗》，顾名思义，乃自我勉励之作，表现了较好的志向情趣。第一首从天体运行与四季变化，讲励志的必要。但它客观上反映诗人对自然科学的认识。"太仪斡运，天回地游"，是说大气旋转运行，天体运转，大地回游。"太仪"，太极，指形成天地万物的混沌之气。《文选》李善注：

"太仪，极也。以生天地谓之大，成形之始谓之仪。""斡"，旋转。《春秋元命苞》："天左旋，地右动。"

"四气鳞次，寒暑环周"，是说四气阴阳变化，像鱼鳞般依次排列，寒冷和温热周而复始变化不停。"四气"，四时阴阳变化，温热冷寒之气。

"星火既夕，忽焉素秋"，是说暑热的夏季刚过，忽然就到了凉爽的秋天。"星火"，古星名，火星。《尚书·尧典》："日永星火，以正仲夏。"此指仲夏。"素秋"，秋季。古代五行说，以金配秋，其色白，故称素秋。

"凉风振落，熠燿宵流"，是说秋风吹动落叶，夜之流动，光彩灿烂。"熠熠"，光彩鲜明之状。"宵"，夜。

这章从天体运转和四季的变迁，说明世间万事万物都在生生不息，这就为人要励志有为打下了理论基础。毛泽东独具慧眼，从哲学的高度、从地球运行规律的角度，看出了它包含有"地圆"的思想，反映了他思路的活跃和欣赏文学作品的灵活性。毛泽东是在清沈德潜编选的《古诗源》中读到这首诗的。在1964年8月24日的这次谈话中，他便指出："这首诗收在《古诗源》里。"

1935年2月26日，通晓历史的毛泽东知道入川门户娄山关是有名的古战场，多少英雄豪杰在这里留下了他们的足迹，世纪的风云荡涤了千百年来的印记，为后人遗留下无数个让人怀古的传说，使人们沉湎于幽古的境界之中。突然，毛泽东想到晋代张华在《励志诗》里的名句："太仪斡运，天回地游。"

4."众里寻他千百度；蓦然回首，那人却在，灯火阑珊处"

毛泽东读清朱彝尊编选《词综》卷十三时，圈阅了辛弃疾这首《青玉案》词[1]。

辛弃疾的《青玉案·元夕》词，原文是这样的：

---

[1] 毕桂发主编：《毛泽东评点历代名家词赏析》，中央文献出版社2006年版，第549页。

东风夜放花千树。更吹落，星如雨。宝马雕车香满路。凤箫声动，玉壶光转，一夜鱼龙舞。

蛾儿雪柳黄金缕。笑语盈盈暗香去。众里寻他千百度。蓦然回首，那人却在，灯火阑珊处。

《青玉案》，又名《横塘路》《西湖路》《青莲池上客》。双调，定格上、下阕各六句，共 76 字。两阕除第四句外，均押仄声韵。调名取自汉张衡诗句"何以报之青玉案"。

元夕是农历正月十五，为上元节，又称元宵，古人奉为吉日。元宵放灯在唐、宋时很盛行，通宵狂欢。唐代诗人苏味道《观灯》诗就说过："火树银花合，星桥铁锁开。"

词的上阕词人极力描写元宵灯节的绚丽景色，笔调欢快。元宵的彩灯像春风在一夜间吹开千万株繁花，满天的花炮焰火如飘下的星雨，色彩缤纷。地上装饰华丽的骏马和雕刻精美的马车络绎不绝，散发清香。笙箫吹奏，灯影缭乱，尤其是几十人挥舞的龙灯上下翻飞，像在云水之中，如醉如狂。上阕展示了大都市灯节的瑰丽场景，热闹非凡，灯月交辉。

"蛾儿雪柳黄金缕。笑语盈盈暗香去"，换头二句转写观灯、赏灯的人。《武林旧事》记载，"元夕节物，妇人皆戴珠翠、闹蛾、玉梅、雪柳、菩提叶、灯球、销金合、貂蝉袖、项帕"。"黄金缕"也是妇女的头饰。"盈盈"，形容少女体态美好。《古诗十九首》："青青河畔草，郁郁园中柳。盈盈楼上女，皎皎当窗牖。"许多女子活泼娇媚谈笑着从眼前不断走过，但是，作者心里却另有所系念。

"众里寻他千百度。蓦然回首，那人却在，灯火阑珊处"，词人想的那个人却总也找不着。他不断在人群中搜寻，反复觅找。正在十分焦急的时刻，忽然一回头，却发现那个人静静地站在灯火稀疏冷落的地方。全词就在这种境界中刹住。

这首词大约是作者在行都临安所写。词中着力描写了元宵灯节的瑰丽灿烂的情景，然而，这一切典型环境都是为了衬托出"灯火阑珊处"的那个人。作者以独特的艺术手法，用鲜明的强烈对照，寄托着不事迎合、高

四、「也有苏轼陆游一派」

标独立的孤独之情。梁启超曾评说："自怜幽独，伤心人别有怀抱。"这正是南宋屈辱苟安、排斥抗战力量的政治形势的艺术写照，给人的哲理意境也是耐人寻味的。

（五）陆游"是南宋一位了不起的大诗人"

陆游（1125—1210），字务观，号放翁，山阴（今浙江绍兴）人。南宋大诗人。生当北宋灭亡之际，少年时即受家庭中爱国思想熏陶。宋高宗绍兴年间应礼部试，为奸相秦桧所黜。孝宗即位，赐进士出身，曾任镇江、隆兴通判。乾道六年（1170）入蜀，任夔州通判。乾道八年（1172），入四川宣抚使王炎幕府，投身军旅生活。后官至宝章阁待制。在政治上，主张坚决抗战，一直受到投降集团的压制。晚年退居家乡，但收复中原的信心始终不渝。

陆游一生创作的诗歌很多，今存9000多首，内容极为丰富。抒发政治抱负、反映人民疾苦、批判当时统治集团的屈辱投降，风格雄浑豪放，表现出渴望恢复国家统一的强烈爱国热情。抒写日常生活，也多清新之作。亦工词，有《剑南诗稿》《渭南文集》等行世。

毛泽东十分熟悉陆游的诗。1958年成都会议期间，他选编的《诗词若干首》（唐宋明朝诗人写的有关四川的一些诗和词）中，选入了陆游的《剑门道中遇微雨》《归次汉中境上》《楼上醉书》《成都书事》《秋晚登城北门》5首诗和《渔家傲·寄仲高》《诉衷情·当年万里觅封侯》《谢池春·壮岁从戎》3首词[1]。

毛泽东在1965年5月写的《水调歌头·重上井冈山》中的"谈笑凯歌归"，即是化用陆游《出塞四首借用秦少游韵》第一首中的"壮士凯歌

---

[1] 刘开扬注释：《诗词若干首》（唐宋明朝诗人咏四川），四川人民出版社1979年版，第130—145页。

还"句意。1957 年 9 月写的七绝《观潮》中的"铁马从容杀敌回",即出自陆游七绝《十一月四日风雨大作》:"夜阑卧听风吹雨,铁马冰河入梦来。"他还在七绝二首《纪念鲁迅八十寿辰》之二中写道:"剑南歌接秋风吟,一例氤氲入诗囊。"剑南歌,指陆游的《剑南诗稿》所收诗作。秋枫吟,指秋瑾所作《秋风曲》诗和被清政府杀害前书写的"秋风秋雨愁煞人"。一例,一律。氤氲,形容烟和云彩很盛,这里比喻陆游、秋瑾、鲁迅的诗篇,富有诗味和爱国热忱。

1958 年 12 月 21 日,毛泽东在文物出版社刻印的大字本《毛泽东诗词十九首》的书眉上写了一段说明:

> 我的几首歪词,发表以后,注家锋(蜂)起,全是好心。一部分说对了,一部分说得不对,我有说明的责任。一九五八年十二月,在广州,见文物出版社一九五八年九月刊本,天头甚宽,因而写了下面的一些字,谢注家,兼谢读者。鲁迅一九二七年在广州,修改他的《古小说钩沉》,然后说道:于时云海沉沉,星月澄碧,饕(tāo)蚊遥叹,予在广州。从那时间到今天,三十一年了,大陆上的蚊子灭得差不多了,当然革命尚未全成,同志仍在努力。港台一带,饕蚊尚多,西方世界,饕蚊成阵。安得起全世界各民族千百万愚公,用他们自己的移山办法,把蚊阵一扫而空,岂不伟哉!试仿陆放翁曰:

> 人类今闲上太空,但悲不见五洲同。
> 愚公尽扫饕蚊日,公祭无忘告马翁。

毛泽东

一九五八年十二月二十一日上(午)十时 ①

毛泽东上述说明文字中所引鲁迅的几句话,是他凭记忆写的。鲁迅 1927 年在广州编校《唐宋传奇集》后,作《序例》,文末题记曰:"时大

夜弥天，碧月澄照，饕（tāo）蚊遥叹，余在广州。"《唐宋传奇集》上册
1927年12月由北新书局出版，次年2月续出下册。

陆游有一首七绝《示儿》：

> 死去元知万事空，但悲不见九州同。
> 王师北定中原日，家祭无忘告乃翁。

陆游卒于南宋宁宗嘉定二年（1209）年十二月。这首《示儿》是他临
终前写的，既是他的绝笔，也是他的遗嘱。

作为一篇遗嘱，他无愧于诗人爱国的一生。一个人在病榻上弥留之
际，回首平生，百感交集，环顾家人，儿女情深，要抒发他的感慨，要留
下他的遗言，是千头万绪的。而诗人却以"北定中原"来表达他的最后意
愿，以"无忘告乃翁"作为对亲人的最后嘱咐，这是极其难能可贵的。"乃
翁"，你们的父亲。

陆游生于北宋覆灭前夕，身历神州陆沉之恨，深以南宋偏安一隅、屈
膝求和为耻，念念不忘收复中原。《剑南诗稿》卷九《感兴》第一首："常
恐先狗马，不见清中原"；卷三十七《太息》："砥柱河流仙掌日，死前恨
不见中原"；卷三十六《北望》："宁知墓木拱，不见塞尘清"；卷三十八
《夜闻落叶》："死至人所同，此理何待评？但有一可恨，不见复两京"。
《示儿》这首悲壮绝句，最后一次把将断的气息，又来说未完的心事和无
穷的希望。陆游死后24年，南宋和蒙古会师灭金，刘克庄的《后村大全
集》卷十一《端嘉杂诗》第四首中写道："不及生前见虏亡，放翁易箦愤
堂堂。遥知小陆羞时荐，定告王师入洛阳。"陆游死后66年，元师灭宋，
林景熙在《霁山先生集》卷三《书陆放翁诗卷后》中又写道："青山一发
愁濛濛，干戈况满天南东。来孙却见九州同，家祭如何告乃翁？"

毛泽东仿陆游《示儿》诗所写七绝，改"九州"为"五洲"，指全世
界；饕蚊，比喻贪婪的剥削者；"乃翁"改"马翁"，指马克思。他表现了
毛泽东作为一位伟大的无产阶级革命家，放眼全球，谋求世界无产阶级革
命成功，解放全人类，实现共产主义的伟大理想。

毛泽东对这首《示儿》诗的评价很高。1954年，在一次与他的保健医生徐涛谈话时说："曹操的《龟虽寿》是一首好诗，你当医生的更应该读读。

"曹操不信天命、不信神，他承认人总是要死去不能长生不老。本来嘛，有生就有死，哪里有长生不死之理，连长生不老都不可能，生、老、病、死这是新陈代谢，是辩证法的规律。孔夫子如果一直不死，恐怕快2500岁了吧？那世界该成个什么样子了！"

"那么说曹操还是唯物主义者呢？"徐涛笑着说。

"陆游也说过'死去元知万事空'，都是唯物主义者。人会变老，老不服老，'老骥伏枥'那四句讲得多好啊！要老当益壮嘛！"

"在医学上讲'生理年龄'老了，'心理年龄'要年轻才好。"

"'盈缩之期，不独在天。养怡之福，可得永年。'自己要掌握自己的命运……"①

毛泽东也喜欢陆游的词。他在《词综》和其他版本中圈阅了陆游22首词作。它们是：《钗头凤·红酥手》《南乡子·归梦寄吴樯》《好事近·溢口放船归》《朝中措·怕歌愁舞懒逢迎》《朝中措·冬冬傩鼓饯流年》《水龙吟·摩诃池上追游客》《采桑子·宝钗楼上妆梳晚》《渔家傲·东望山阴何处是》《极相思·江头疏雨轻烟》《双头莲·华鬓星星》《鹊桥仙·华灯纵博》《鹊桥仙·茅檐人静》《感皇恩·小阁倚秋空》《诉衷情·当年万里觅封侯》《夜游宫·雪晓清笳乱起》《沁园春·粉破梅梢》《沁园春·一别秦楼》《真珠帘·山村水馆参差路》《乌夜啼·纨扇婵娟素月》《卜算子·驿外断桥边》《谢池春·壮岁从戎》②。

毛泽东对陆游的《钗头凤·红酥手》也很有兴味。1957年，毛泽东在和他的专列上的女服务员姚淑贤曾谈及这首词。他说："……《钗头凤》，这是陆游写的一首词：《钗头凤·红酥手》。他是南宋一位了不起的大诗人，年轻时就立志'上马击狂胡，下马草军书'。他的表妹叫唐琬，也是

---

① 徐新民主编：《在毛泽东身边》，中共中央党校出版社1993年版，第233页。
② 张贻玖：《毛泽东评点、圈阅的中国古典诗词》，中国工人出版社1992年版，第250—251页。

一位有才华重感情的妇女。他们的爱情悲剧在《齐东野语》里有记载。"

1959年，有一次，毛泽东和他的保健医生徐涛又谈起陆游与绍兴的沈园。毛泽东说："陆游与唐琬离异后，相遇于沈园，那是他们情意缠绵之地，陆游的那首《钗头凤》就题在沈园的墙壁之上。"他说这，一时兴起，提起笔来潇洒地写下这首词。（略）

毛泽东放下笔，问徐涛："你知道唐琬回赠的那首词吗？"

徐涛回答："我没读过。"

毛泽东随即背诵起来。（略）

毛泽东接着说："这首词回赠没有多久，唐琬就因积愁而死去。当初是陆游的母亲与唐琬不和。陆游这一对夫妻没有得到真正的幸福，这是封建社会的悲剧。"[1]

毛泽东还手书过陆游的词《夜游宫·记梦寄师伯浑》（三幅）、《诉衷情·当年万里觅封侯》《鹊桥仙·华灯纵博》和诗《示儿》[2]。

（六）陆游词名篇欣赏

1. "东望山阴何处是？"

1958年成都会议期间，毛泽东圈阅的《诗词若干首》（唐宋明朝诗人写的有关四川的一些诗和词）中，收有陆游的《渔家傲·东望山阴何处是》这首词。[3] 他在读清朱彝尊编选的《词综》卷十五时，也圈阅了这首词。

陆游的《渔家傲·东望山阴何处是》原文如下：

---

① 徐涛：《毛泽东保健养生之道》，中共中央文献研究室《缅怀毛泽东》编辑组：《缅怀毛泽东》下，中央文献出版社1993年版，第625—626页。

② 中央档案馆编：《毛泽东手书选集·古诗词》下册，北京出版社1994年版，第129—136页。

③ 刘开扬注释：《诗词若干首》（唐宋明朝诗人咏四川），四川人民出版社1979年版，第140页。

东望山阴何处是？往来一万三千里。写得家书空满纸。流清泪，书回已是明年事。

寄语红桥桥下水，扁舟何日寻兄弟？行遍天涯真老矣。愁无寐，鬓丝几缕茶烟里。

陆游的这首词，当代词学家夏承焘先生定为宋孝宗乾道六年（1170）后、淳熙二年（1175）前（1170—1175）这5年间于蜀中作。题为"寄仲高"，说明是一首寄赠之作。仲高，即陆升之，仲高是他的字，是陆游的从祖兄弟。仲高虽然长陆游12岁，但陆游在青少年时期即同仲高等人定为莫逆之交，同修举业，因此二人既是同族兄弟，又是要好的同学，感情非同一般。这首词便是陆游寄赠仲高的，表达思念家乡与兄弟的真挚情感。

词的上阕写望乡伤情。起首二句写望乡。"山阴"，今浙江省绍兴市，是陆游的故乡。词人于蜀中东望故乡山阴，不知究竟何处才是。"东望山阴何处是？"词的劈头来一问句，表达了深情急切的望乡之情。那么词人为何不归乡呢？"往来一万三千里"，路途太远。在那车马舟船作主要交通工具的时代里，万里归程，谈何容易；而且王命在身，哪能随便即归呢？正因思乡而不得归，便只好面东遥望，以慰归心了。然而家乡万里，望而不见，其情何堪？这便自然逗出下面三句："写得家书空满纸。流清泪，书回已是明年事。"这三句写伤情。望乡而不得见，写封家书，往通音信，自是情理中的事。而家书写得满纸，说明思乡情深。但是由于道路半年走不到，书信往来，已到了明年，如何可慰急切的思乡之情呢？至此又怎能不使词人伤情至极，清泪双流呢？

"寄语红桥桥下水，扁舟何日寻兄弟？"过片二句写思归。"红桥"，在山阴西郊，大约是陆游回乡的必经之水路。"寄语"一词，无情之水似化为有情之物，"何日"二字，更透出思归故乡的渴望与期望之情。在望乡不知何处、归乡又不可能、家书为时太迟的情况下，自然发展到思归故乡，寻访亲人以慰衷曲。浙江与四川一条长江相连，而江南一带往来也多靠水路船只。因此词人这里说："行遍天涯真老矣。愁无寐，鬓丝几缕茶烟里。"入蜀前，陆游在朝中和江南各地辗转做官，这次入蜀又行程

"一万三千里"，因此词人说"行遍天涯'。陆游这时已届知天命之年，故又曰"真老矣"。词人之所以急切思归故乡、寻访兄弟，原因就在于"真老矣"。然而归乡时日？渺茫难期啊！这怎能不使词人忧愁无寐呢？"鬓丝几缕茶烟里"，茶烟缥缈，可能为词人当时望乡思归时所见的实景，但这里更主要的是以烟霭衬托鬓发，以突出鬓发的衰残，照应上文的"真老矣"，并且使急切思归之情落到实处。这也是化用杜牧"今日鬓丝禅榻畔，茶烟轻飏落花风"的诗句入词，表达叹老思归之情。

仲高死于淳熙二年（1175），陆游有《闻仲高从兄讣》一诗。陆游或许对仲高病情有所知晓，故而写此词以寄之，既表现了对仲高兄弟的深情关切，也流露了深切的思乡之情。此词正是基于这一点，所以语言朴实、抒情真挚，艺术上也显得格外感人。对于这种情真意切的作品，毛泽东也很喜爱。

2."当年万里觅封侯"

毛泽东曾两次手书陆游这首《诉衷情·当年万里觅封侯》词①，可见他比较喜爱。这首词原文如下：

> 当年万里觅封侯，匹马戍梁州。关河梦断何处？尘暗旧貂裘。
> 胡未灭，鬓先秋，泪空流。此生谁料，心在天山，身老沧洲！

这首词大约作于陆游晚年罢官，闲居故乡山阴的时候。陆游生当民族矛盾尖锐激烈的时代。金人盘踞中原，并时时企图南侵灭宋。中原广大人民在金人的统治下，过着悲惨的生活。陆游一生志在抗金复国，建功立业，名垂青史。但是主和派却处处掣肘，不但杀害了抗金名将岳飞，对一般抗金志士也横加迫害，罢其官职，闲置不用，使他们年华流逝、事业无

---

① 中央档案馆编：《毛泽东手书选集·古诗词》下册，北京出版社1994年版，第129—133页。

成。陆游和辛弃疾便是这类爱国志士的代表。这不能不使词人极为愤慨。陆游此词便是抒发这种情感的。

"当年万里觅封侯，匹马戍梁州。"词的开头二句回忆当年抗金复国的壮举。"万里觅封侯"，用汉代班超的典故。《后汉书·班超传》载，班超家贫而少有大志；长而投笔从戎，出使万里之外的西域，建立了赫赫战功，被封为定远侯。这里陆游借此典，指自己抗金复国、建功立业的壮举。"梁州"，指陆游曾从军的南郑（今陕西汉中）一带，此地古属梁州之地。"匹马戍梁州"是"万里觅封侯"的具体化。陆游48岁那年曾在四川宣抚使王炎幕府中参赞军务，身着军装，跨上战马，驰骋于宋金川陕边境的最前方，强渡渭水，打过大散关遭遇战。当时的陆游精神振奋、意气风发，满心以为建功立业、搏取封侯之位的愿望就要实现了。词的起首二句，指的就是这一段他终生难忘的岁月。

"关河梦断何处？尘暗旧貂裘。"接下来二句感慨闲居的冷落。"关河"，指上文的万里梁州。"梦断"，即梦醒。南郑前线如火如荼的战斗生活，前后仅只有8个月。不久王炎被调离前线，陆游也只好悻悻地回到了成都。以后陆游出了川，在福建与江浙一带任了几年地方官，便被以"嘲吟风月"的罪名罢免官职，闲居故乡。抗金复国、立功封侯的希望落空了，南郑的战斗生活只能在梦中重现。但是梦醒之后，便再也见不到，关河在何处？而且由于多年闲居，当时征战时穿的貂裘也落满了尘埃，陈旧变色了。"尘暗旧貂裘"，是用战国时苏秦的典故。《战国策·秦策一》说，苏秦游说秦王，十番上书而计不被秦王采用，黑色的貂裘破旧不堪，黄金百斤也花尽了，不得已才离秦国而去。陆游的这两句词，充满了对当年抗金生活的向往，对晚年冷落处境的不满。

"胡未灭，鬓先秋，泪空流。"换头处三句写老大无成的悲哀。"胡"是秦时对北方少数民族的称谓，这里用以指金人。金人还没有被消灭，国家还没有统一，然而自己却已经衰老，鬓发花白了。这怎能不使词人泪如雨下呢？但是悲伤有什么用呢，还不是空自流泪吗？

"此生谁料，心在天山，身老沧洲！"煞尾三句写对老大无成的愤慨。"天山"，在今新疆境内，这里借以指天山梁州，也即抗金前线。

"沧洲"，诗词中一般用以比喻隐居之地，这里借以指故乡山阴。"心在天山"，说明词人志在抗金复国，驰骋前线。"身老沧洲"，表明事实上词人到老一事无成，闲居家中。而这种心志的宏伟与身世的冷落，是热心爱国的词人无论如何也料想不到的。这种出乎意料的结局是怎么造成的呢？这自然使人想到干扰抗金复国大业的投降派。正是他们，使陆游、使千千万万抗金志士年华空逝，功业无就。他们是造成这种悲剧的千古罪人。所以煞尾三句，词人以自我感慨之笔，声讨了投降派破坏抗金大业的罪行，充满了无限愤慨。

这首词回忆了当年抗金复国的壮举，倾诉了年华老大、壮志成空的悲哀，表现了强烈的爱国精神。艺术上，这首词感情奔放激越、真挚动人。无论是爱国激情的抒发，还是批判投降误国，皆是词人感情的真实流露，因而易于扣动人们的心弦，这在宋代爱国词篇中是颇为突出的。另外，此词善于运用典故，平易自然。如"万里觅封侯""尘暗旧貂裘""身老沧洲"等等，皆是典故。这些典故运用得自然贴切，毫无生涩之感，也是此词艺术上的成功之处。

3. "壮岁从戎，曾是气吞残虏"

1958 年成都会议期间，毛泽东编辑的《诗词若干首》（唐宋明朝诗人写的有关四川的一些诗和词）中，有陆游《谢池春·壮岁从戎》这首词[1]。他还圈阅过这首词[2]。词的原文如下：

> 壮岁从戎，曾是气吞残虏。阵云高狼烽夜举。朱颜青鬓，拥雕戈西戍，笑儒冠自来多误。
>
> 功名梦断，却泛扁舟吴楚，漫悲歌伤怀吊古。烟波无际，望秦关何处？叹流年又成虚度！

---

[1] 刘开扬注释：《诗词若干首》（唐宋明朝诗人咏四川），四川人民出版社 1979 年版，第 144 页。

[2] 张贻玖：《毛泽东评点、圈阅的中国古典诗词》，中国工人出版社 1992 年版，第 251 页。

《谢池春》，词牌名。可能由谢灵运《登池上楼》诗的"池塘生春草"句取名。陆游共用这个调子填了 3 首词，是他 70 岁时在故乡山阴所作的爱国词章。这由他最后一首词中说"七十衰翁，不减少年豪气"可证。

词的上阕念旧，回忆壮年南郑幕府生活："壮岁从戎，曾是气吞残虏。阵云高狼烽夜举。朱颜青鬓，拥雕戈西戍。"乾道八年（1172）二月，陆游由夔州（今重庆奉节）通判转任四川宣抚使王炎幕下干办公事兼检法官。宣抚司治所在南郑（今陕西汉中），是当时西北抗金前线的军事要地。陆游主管的虽是文书、参议一类工作，但他曾戎装骑马，随军外出宿营，并亲自在野外雪地上射虎，所以他认为过的是军事生活。这短短不到一年的南郑生活，便成为他一生最适意、最爱回忆的经历。所以词一开头，这几句一气呵成，写得极为豪壮，使人奋发，一个"上马击狂胡，下马草军书"（《观大散关图有感》）的年轻儒将形象便跃然纸上。然而好景不长，同年十月，因王炎召还，幕府解散，十一月陆游赴成都新任，这种令他引以自豪的从军生活便结束了。所以，接下去一句"笑儒冠自来多误"，突然来个大转弯，转写对这种生活消失的感慨。此句出自杜甫《奉赠韦左丞丈二十二韵》："纨绔不饿死，儒冠多误身。"与杨炯《从军行》说的"宁为百夫长，胜作一书生"同意。陆游《成都大阅》也说："属橐缚裤毋多恨，久矣儒冠误此身。"

下阕写今，抒发老年家居江南水乡的生活和感慨。"功名梦断，却泛扁舟吴楚。"换头处紧承上阕歇拍。立功边疆的愿望落空之后，只得乘小船沿江东归故乡山阴。"漫悲歌伤怀吊古"，意谓随便悲歌吧，凭吊古迹，抒发伤感的怀抱。二句以自我宽解作转笔。"烟波无际，望秦关何处？叹流年又成虚度！"自我宽解的作用自然是有限的，于是最后三句又转以感慨作结。徜徉于烟波浩渺的江南湖光山色之间，为什么还割不断对铁马秋风大散关的向往？叶落归根，在故乡安度晚年，为什么还觉得是虚度年华呢？这都是因为词人的爱国感情强烈、壮志不甘断送的缘故。正如作者所说："位卑未敢忘忧国。"（《病起书怀》）这种矛盾，来自作者老而弥笃的炽热的爱国热情，一种对国家、民族的责任感，也成了作者心灵上终生无法弥合的创伤，但却恰恰完成了作者爱国主义精神的升华。

4. "感到苍凉寂寞，因作此词"

陆游有一首《卜算子·咏梅》词，托物言志，以梅花的告诫作比，抒发了词人坚贞不渝的爱国热忱，但也流露出一种孤芳自赏、凄凉抑郁的情绪。1961 年 11 月，毛泽东读后，写道："读陆游《咏梅》词，反其意而用之。"在广州写出初稿后，12 月回到北京，修改了个别字句。"风雨送春归，飞雪迎春到。已是悬崖百丈冰，犹有花枝俏。   俏也不争春，只把春来报。待到山花烂漫时，她在丛中笑。"[1] 1961 年 12 月 27 日，他在批示内部印发这首词时，曾将陆游原词附录于后，并加注说明："作者北伐主张失败，皇帝不信任他，卖国分子打击他，自己陷于孤立，感到苍凉寂寞，因作此词。"人民文学出版社 1963 年 12 月出版的《毛主席诗词》正式发表。[2]

陆游《卜算子·咏梅》原文是：

> 驿外断桥边，寂寞开无主。已是黄昏独自愁，更著风和雨。
>
> 无意苦争春，一任群芳妒。零落成泥碾作尘，只有香如故。

这是一首咏物之作，写于韩侂（tuō）胄北伐失败后，词人生命的最后三年。陆游因支持这次北伐，皇帝不信任他，投降派打击他，道学家对他也多有贬词，连朋友杨万里也写诗加以讥讽。词人原是为抗金复国而支持北伐的，却落得如此结局。回顾一生的坎坷经历，词人借咏梅以自明情志。

"驿外断桥边"，上阕首句写梅花所处的特殊环境。寥寥五字，从空间方位上刻画出了一个荒郊僻野、人迹罕至的处所，为下文"寂寞"二字张目。"寂寞开无主"，写梅花的孤寂。因地处荒郊僻野，梅花既无游人观览，也无雅士吟赏，甚或连过往路人那匆匆一瞥的机会也难以得到，只能独自寂寞地开放。

---

① 中共中央文献研究室编：《毛泽东诗词集》，中央文献出版社 1996 年版，第 129 页。
② 《建国以来毛泽东文稿》第九册，中央文献出版社 1996 年版，第 617 页。

"已是黄昏独自愁，更著风和雨。"接下来两句写梅花愁苦的心情。地处僻野，身境孤寂，日已黄昏，这些使梅花愁绪满怀，可偏偏又碰上风雨交加，怎能不使她愁苦欲绝呢？

"无意苦争春，一任群芳妒。"下阕前两句写梅花高洁的品格。梅花先于百花破寒怒放，原是自然本性，并非有意与百花争先，独享春光。然群芳出于私心，嫉妒梅花。梅花对这种庸俗的嫉妒，不屑计较。这就突出了梅花、纯洁自爱的品格。

"零落成泥碾作尘，只有香如故。"末二句写梅花坚贞的节操。从时间上说，这两句写未来。遭风雨、受妒忌的梅花飘零坠落，本是客观的必然，然而即使车轮碾轧，变作尘土，梅花美丽的形体虽不复存在了，但是那沁人心脾的清香将仍像盛开时一样，留芳人间。这是多么坚贞的操守！词的下阕歌颂了梅花不同流俗的节操。

这首咏梅词，托物言志。词中的梅花是陆游身世的缩影，是他高洁品格的化身；梅花的坚贞操守，体现了词人生死不渝的报国热忱。当然，梅花那种孤芳自赏的情绪，不能给人以积极向上的精神，这是时代的局限。全词通篇运用象征手法，明写梅花，实写作者自己。

毛泽东的《咏梅》词用陆游原调原题，"反其意而用之"，情调完全相反。所谓"反其意而用之"，应该怎么理解呢？毛泽东和陆游在作品中都写梅花品格之高，那又怎么"反其意"呢？首先，从词的主题看，陆游是从"香"来说，"只有香如故"来写梅花品格之高，以梅花自比，自己即使被委屈求和的当权派排挤打击，他的抗战爱国的精神，至死不变，这从个人品质来讲已是最高境界。毛泽东这首词，从"报春"着眼，"只把春来报"，是从个人对整个共产主义事业的作用来讲，只报春，不争春，表现了一个共产党人宽广的革命胸怀。而时代是"山花烂漫时"，即共产主义运动在蓬勃发展，与陆游的南宋趋向没落，却是完全不同的。其次，再从格调上看，陆词表现出孤芳自赏、凄凉抑郁的调子。而毛词表现出胸襟宽广、昂扬向上的风格，情调完全相反。这也说明两首词的主题和风格不同，所以用意也全不同了。

5. "梦游处、不知何地"

1959 年 9 月的一天，正在北京大学中文系读书的邵华（毛泽东的儿媳）随着姐姐刘松林到中南海看望毛泽东。邵华顺眼瞟见毛泽东床头一叠线装书，便说："毛伯伯，您也喜欢剑南诗集？"

毛泽东点点头，微微一笑，说："看来你是一个放翁诗词的读者。"

邵华不知是出于兴奋，还是想向毛伯伯汇报读书有得的心情，毫无拘束地说："不仅读过，而且特别喜爱。我们如果只读他的《沈园》二首，低吟浅咏那'伤心桥下春波绿，曾是惊鸿照影来'，会得出放翁是个多情伤感的才子；要是迎风行吟那'楼船夜雪瓜洲渡，铁马秋风大散关'，就会被他那磅礴的大气、爱国的豪情所激励；《示儿》虽是诗人生命垂危时的绝笔，可悲中有壮烈，垂危中仍对胜利充满信念……"

毛泽东很喜欢她这种好学深思、谈吐不俗的精神，微笑着问："邵华，放翁的词呢？"

邵华说："熊掌和鱼，我都喜欢。不过，我更喜欢《关山月》《诉衷情》《夜游宫》等词。"说着就背诵给毛泽东听。背诵中，邵华略微停顿想下句时，毛泽东就提示一下。邵华背诵《夜游宫》，背诵到"睡觉寒灯里"，毛泽东指出，"睡觉寒灯里"的这个"觉"，这里不能读觉（jiào），应该读觉（jué），并叫她回去问问老师这样读对不对。

毛泽东说："读放翁诗词，如遇知己。"

邵华借机请求毛泽东将《夜游宫》词写出来给她。

毛泽东正在兴头上，立刻起身走到桌前，刘松林马上铺开宣纸，揭开端溪石砚的紫檀木盖，毛泽东提笔蘸墨，急速草书下了这首词。

毛泽东放下笔，端详一下说："放翁的词，杨用修说他'纤丽处似淮海，雄快处似东坡'，我看说得不错。邵华，这幅字就送给你，作个纪念。[①]"

陆游这首词，毛泽东在 20 世纪 60 年代还写下来送给他的卫士张仙

---

① 谭振球编：《毛泽东外巡记》，湖南文艺出版社 1993 年版，第 540—542 页。

朋。毛泽东有手书这首词的三幅墨迹①。

陆游的《夜游宫·雪晓清笳乱起》，原文是这样的：

> 雪晓清笳乱起，梦游处、不知何地。铁骑无声望似水。想关河，雁门西，青海际。
>
> 睡觉寒灯里。漏声断、月斜窗纸。自许封侯在万里。有谁知，鬓虽残，心未死！

《夜游宫》，词调名。贺铸词有"江北江南新念别"句，故又名《新念别》。

这是一首记梦词。题目是"记梦寄师伯浑"。约作于宋孝宗淳熙元年至五年（1174—1178）陆游在四川期间。师伯浑，名浑甫，蜀之眉州（今四川眉山）人，是陆游在蜀时结识的有识之士。这首记梦词就是寄赠给他的。词的上阕记梦境，下阕抒壮志。

"雪晓清笳乱起，梦游处、不知何地。"起首两句，是说大雪纷纷扬扬，晓色朦胧，胡笳声声，此起彼伏。它展示出一幅北国边塞风光的图画。"梦游"二字点题，指明是梦中所见。因是梦游，所以倘恍迷离，认不清所游之处是什么地方。"铁骑无声望似水。想关河，雁门西，青海际"，继续写梦境。当词人正在疑虑，不知身游何地时，又望见身披铁甲的骑兵悄然无声，像一片水流似的铺地而进。这一句形象性很强，猛然间勾起词人的记忆，明白了身游之处正是关塞的河山，是雁门以西、直到青海边际的关塞重镇。"雁门"，在山西代县以西。雁门关以西至青海一带，这里是代表抗金最前方。而词人梦中依然驰骋边防前线，表现了高尚的爱国精神。

"睡觉寒灯里。漏声断、月斜窗纸。"换头三句写自身处境。"睡觉"，即睡醒。梦境结束，醒来睁眼一看，只见寒灯一盏，光照四壁。夜色已深，漏壶滴水之声已停。月已西斜，光线洒在窗纸上。词人梦醒的处境，与梦境形成鲜明的对比。

---

① 中央档案馆编：《毛泽东手书选集·古诗词》下册，北京出版社 1994 年版，第 121—128 页。

"自许封侯在万里。有谁知，鬓虽残，心未死！"接下来四句写心境。志在报国疆场的词人，晚年的处境是多么冷落。虽然处境孤独冷落，但大敌当前，中原沦陷，失地待复，功业待立，词人仍"自许封侯在万里"，这是多么难能可贵的报国精神。"封侯在万里"，是用汉班超的典故。班超少有大志，长而投笔从戎，远赴西域万里之遥，建立大功，被封为定远侯。陆游这里以班超自比，抒发了老当益壮报效祖国的雄心壮志。

然而"有谁知，鬓虽残，心未死"，结末三句是说，有谁了解这位鬓发花白的词人，仍然壮心不已，日夜思念着报效祖国呢！"有谁知"三个字，有力地批判了南宋统治者苟且偷安、不思抗金复国、存心排斥打击抗战志士的罪恶行径。"鬓虽残，心未死"，则表现了陆游矢志报国、到老不衰的爱国热情。

（七）其他豪放派词人名篇欣赏

1. "请你替我给岳王坟献个花圈"

毛泽东对岳飞这位抗金名将非常尊敬。1952 年 12 月 1 日，他视察南方回京路经汤阴时，停下专列，在月台上"岳忠武王故里碑"前驻足观看并留影纪念。汤阴县县长王庭文汇报说："据我们所查，岳家后代没有一个当过汉奸的。"毛泽东听后高兴地说："很好，很好，岳飞是个大好人，岳家又没有一个当汉奸的，都保持了岳飞的爱国主义气节。"

20 世纪五六十年代，毛泽东默写手书的《满江红》全词，现收入中央档案馆编《毛泽东手书选集·古诗词》中。1966 年 6 月，他写的七律《有所思》中"凭阑卧听潇潇雨"，即化用此词"凭阑处、潇潇雨歇"句意。毛泽东很爱读《满江红》这首词，特别是晚年，经常击拍高声吟诵。1975 年 8 月中旬，毛泽东接受眼睛白内障手术时，让人放岳飞裔孙岳美缇演唱的这首词的唱片。

20 世纪 60 年代的一个春天，在杭州刘庄毛泽东办公室里，毛泽东按铃叫来负责保卫工作的浙江省公安厅厅长王芳。

"快到清明节了，是吗？"毛泽东若有所思地轻声问。

王芳赶紧回答："主席，后天就是清明节了。"

"你知道'以身许国，何事不敢为'是谁的话吗？"毛泽东的声音还是很轻。

"这是宋朝民族英雄岳飞的名言。"王芳说。

毛泽东这时满脸不高兴地问："王芳，你知道西湖边有多少坟墓吗？""具体数字，我说不清楚，反正到处是坟墓。"

"是啊，我们这是与鬼为邻：成天与死人打交道，这些达官贵人们，活着时住深宅大院，过着花天酒地挥金如土的生活，死了，还要在西湖边上占上一块宝地，这怎么能行？"

"主席，您说怎么办？"

"除了岳王墓等少数几个有代表性的人物的坟墓外，其他的应该统统迁到别处去。西湖风景区应该成为劳动人民休息和游览的地方，不能让人们看到这里到处是坟堆、墓碑，这些真是大煞风景啊。"

说到这里，王芳猜测，莫非主席想去祭奠岳飞？

"岳飞是中国历史上一个伟大的爱国英雄。公元 12 世纪，女真族在北方建立了金国。金人不安心偏居于北方，随着国力的增强，他们吞并宋朝的野心日益膨胀起来，并不断肆无忌惮地侵袭和骚扰中原地区。面对国家山河破碎、民不聊生，甚至生灵涂炭的悲惨景象，岳飞再也按捺不住心中的怒火，他主动请缨提旅，率领英勇善战的'岳家军'，驰骋抗金前线，杀得金人丢盔弃甲，闻风丧胆，真是英勇无比啊！"

毛泽东舒缓了一口气，又接着讲：

"1140 年，当岳飞正乘胜追击，即将打过黄河，'直捣黄龙府'时，被苟且偷安的南宋小朝廷一纸命令召回临安，就是这个大名鼎鼎的杭州哟。岳飞回来后，就被宋高宗和奸相秦桧等人以'莫须有'的罪名残害致死。岳飞精忠报国、心昭天日的爱国壮志，千百年来，在民间广为传颂。他可以说是个家喻户晓，妇孺皆知的大英雄。……当然，他受朝廷差遣，去湖南镇压农民起义的行为我们应该批判，他那愚昧的忠君思想，我们应该摒弃，但就其短暂的一生而言，他为国家和民族立的功劳，还是远远大于过错。他是个值得我们称颂的民族英雄……"

毛泽东讲得深入浅出通俗易懂。

片刻的沉默之后，王芳开了口："主席，人们用生铁铸成的秦桧夫妇的跪像，至今仍然跪在岳飞坟前。当年出卖民族利益、认贼为父、残害忠良的奸臣及其走狗，将永远被世人所不齿、所唾骂。"

"'青山有幸埋忠骨，白铁无辜铸佞臣。'这诗写得真是入木三分。"毛泽东毫不掩饰心中的爱和恨。

"王芳，岳飞的《满江红》你会背吗？"

毛泽东上次在汤阴也曾这样问过那位县长。

"背不好。"王芳的山东口音较重，他怕毛泽东听不清楚，想推辞。

"你背背试看。"毛泽东热情地鼓励王芳。

"怒发冲冠，凭栏处、潇潇雨歇。抬望眼，仰天长啸，壮怀激烈。"王芳尽力用山东腔的普通话背诵着。

"三十功名尘与土，八千里路云和月。莫等闲、白了少年头，空悲切。"毛泽东也情不自禁地随着王芳的声音低吟着。

"靖康耻，犹未雪。臣子恨，何时灭。驾长车，踏破贺兰山缺。壮志饥餐胡虏肉，笑谈渴饮匈奴血。待从头、收拾旧山河，朝天阙。"

岳飞的词背诵结束了，但他们两人都还沉浸在《满江红》所创造的意境之中。毛泽东对王芳说："快到清明节了，按我们民族的习惯，清明节是祭奠先人的日子，请你替我给岳飞坟献个花圈。"

于是，当天下午，在岳王坟前的花圈丛中，又增添了一枚制作精美但没有标明敬挽人姓名的花圈。①

毛泽东与王芳谈论的岳飞（1103—1141），字鹏举，相州汤阴（今河南汤阴）人，宋代民族英雄、词人。家贫，幼习兵法。宋徽宗宣和四年

---

① 李约翰、铎德山、王春明：《和省委书记们》，中央文献出版社1994年版，第82—84页。

（1122）应募，旋隶留守宗泽，战开德、曹州，皆有战功。宗泽大奇之，因授以阵图。飞曰："阵而后战，兵法之常。运用之妙，存乎一心。"高宗时历少保，河南北诸路招讨使，进枢密副使，封武昌郡开国公。屡败金兵，在郾城大败金兵统帅金兀术，直抵离北宋都城汴京45里的朱仙镇，后被十二道金牌召回。坚持抗敌，反对议和，秦桧以岳飞不死，己必受祸，故以"莫须有"之罪名杀之。死时年三十九。后孝宗诏复飞官爵，以礼改葬，谥武穆。岳飞工诗、词，自抒怀抱，惜传作不多，有《岳武穆集》。

岳飞的《满江红》是一首洋溢着爱国豪情的战歌。

词的上阕抒写作者国耻未雪的憾恨和渴望为国杀敌立功的情怀。开篇五句直抒胸臆，起势突兀，如破空而来。骤雨初歇，词人登上高台，凭栏眺望，面对祖国破碎的山河，想到中原沦陷，二帝被掳，生灵涂炭，不由得义愤填膺，"怒发冲冠"。"怒发冲冠"，是说因愤怒而头发竖起来，好像要冲掉帽子似的。这是写人的愤怒至极，是夸张手法。

接下来"抬望眼，仰天长啸"这一剧烈的动态描写，虽然也稍有夸张，但因"情有所感，不能无所寄，意有所郁，不能无所泄"，其实这正是词人披肝沥胆、汹涌澎湃心潮的自然流露。

"三十功名尘与土，八千里路云和月"两句轻微的慨叹，以舒缓的节奏接下面的急旋律，使得作品在结构上张弛疾徐、跌宕多姿，形成抑扬顿挫之妙。这两句是对往事的回顾，也是作者的自我抒怀。岳飞从20岁应募入伍，到作此词时已30多岁了。他披星戴月、转战南北。10多年来的戎马生涯使他建立这些功名，但这些个人的富贵荣名不过是尘土草芥而已。"三十功名尘与土"，是说建立这些战功微不足道。"八千里路云和月"，瞻望前程，披星戴月、餐风露宿的抗金生涯，还道远而任重。为了实现光复中原，"直捣黄龙府"的目标，词人大声疾呼，"莫等闲，白了少年头，空悲切"。不要虚度年华，使宝贵的青春悄然逝去。这既是作者自勉之辞，又是激励抗金军民的战斗号角。

下阕转入言志，写作者洗刷国耻、重振乾坤的雄心壮志。"靖康耻"，指宋钦宗靖康二年（1127），徽钦二帝、太子、公主、六宫嫔妃3000余人以及珍宝、器皿、图书尽被金人掳去，北宋从此灭亡。这是赵宋臣民的奇耻大辱。而对志在"扫清胡虏，复归故国，迎两宫还朝，宽天子宵旰之忧"的岳飞来说，此耻此辱仍然未雪，"恨"自然未灭。"何时灭"，似问非问，蕴含着无限的悲愤和感慨，从而也表达其与敌人不共戴天的深仇大恨。"靖康耻"四句，促语连珠，一气贯注，喷露其爱国忠君的思想，道出了"怒发冲冠"的深衷，也点燃了下文"壮怀激烈"的引线。

"驾长车"以下，是实现"壮志"的具体行动。"长车"，指古代的兵车。"贺兰山"，又名阿拉善山，在今宁夏回族自治区和内蒙古自治区的交界处。这里泛指被金人侵占的地方。这两句是说，自己要挥师北伐，驾着战车，长驱直入，踏破重重险关要塞，直捣敌人的老巢。"壮志饥餐胡虏肉，笑谈渴饮匈奴血"，言其对金人蹂躏中原、荼毒生灵的切齿痛恨，以及消灭强敌的坚强决心。雄壮之笔，字字掷地有金石声。"待从头、收拾旧山河，朝天阙"，是说等到收复失地、统一江山之后，再收兵回朝拜见皇帝，完成一生功业。肺腑之言，气壮山河，感奋人心，给全篇加上了完美的一笔。

在毛泽东眼中，岳飞是一位优秀诗人。对岳飞流传下来的为数不多的几首诗词，毛泽东口诵手书，十分爱读。除了上面所述《满江红》词外，对岳飞的另一首词《小重山》也非常看重，在阅读时密密地加了圈点。岳飞的《池州翠微亭》《送紫岩张先生北伐》两首小诗，毛泽东也手书过。

当然，毛泽东推崇岳飞，因为他是一位民族英雄。他在读《新唐书·徐有功传》时有一个有名的批语："'命系庖厨'，何足惜哉，此言不当，岳飞、文天祥、曾静、戴名世、瞿秋白、方志敏、邓演达、杨虎城、闻一多诸辈，以身殉志，不亦伟乎！"

徐有功是唐朝武则天执政时期的执法大臣，他秉公执法，不徇私情，曾三次被判死刑，而却守法不阿。他在一次被弹劾罢官又被起用时，给武则天写了一份奏折，其中有"命系庖厨"的话，意思是说，生活在山林里的鹿，很难逃脱被猎杀，成为人们厨房里的案板上的肉的命运。徐有功以鹿自喻，说出了作为正直不阿的执法大臣的共同命运。在毛泽东看来，为执法而死，以身殉志，是很伟大的。毛泽东从徐有功谈死，联想到古今许多志士仁人，其中他想到的第一位便是岳飞，可见岳飞在他心目中的地位。

毛泽东还赞扬岳飞是位卓越的军事家。他在《论持久战》中讲到战争的灵活性时说："古人所谓'运用之妙，存乎一心'，这个'妙'，我们叫作灵活性，这是聪明的指挥员的出产品。灵活不是妄动，妄动是应该拒绝的。灵活，是聪明的指挥员，基于客观情况，'审时度势'（这个势，包括敌势、我势、地势等项）而采取及时的和恰当的处置方法的一种才能，即是所谓'运用之妙'。"① 毛泽东所说的古人便是岳飞。

还有一件趣事，也关系到毛泽东对岳飞的评价。1949 年 12 月至 1950年 2 月，毛泽东第一次访苏期间，在和斯大林会谈时，毛泽东在苏联又一次回忆自己同国民党军队战斗的艰苦岁月时，向斯大林介绍了共产党军队被敌军包围的情形。当时的形势极端危险，多次冲锋，都未能突破国民党军队的封锁线。于是指挥员号召战士："不畏艰险，视死如归。"翻译费德林对这个警句很费解，请求毛泽东用汉字写在纸上。毛泽东拿起纸和笔，飞快地用他那有特色的豪放笔锋写了八个大字。翻译由于不明白最后一个中国字"归"，所以简直无法理解整句话的意思。只好再次请求毛泽东给予解释。毛泽东解释说，这是 12 世纪古代中国的一个著名统帅使用过的一种说法，岳飞以抗女真入侵的远征而出名。杭州市至今保留着宋代这个有代表性的英雄的陵墓，这座陵墓以加害岳飞的叛徒的下跪形象而驰名。毛泽东接着说，"中国字'归'，在这里不作通常的'回来''再来'解。在中国历史上，'归'的原始含义是'回到原来状态'，因此，这个成语应当这样理解：'藐视一切困难和痛苦，像看待自己回到原本状一样看待死亡。'"

斯大林听完毛泽东解释和费德林的翻译之后，沉吟了一下，轻轻地说："这位将领真是有勇有谋啊。看来这是一个天才的统帅……表现出大无畏的精神和雄才大略……"

毛泽东称岳飞是"古代中国一位著名的统帅"，斯大林称岳飞是"一位天才的统帅"，两位伟大人物对岳飞的高度赞扬，岳飞是当之无愧的！

---

① 《毛泽东选集》第二卷，人民出版社 1991 年版，第 494 页。

2. "危楼还望，叹此意、今古几人曾会？"

据陪毛泽东晚年读书的北京大学中文系讲师芦荻回忆：毛主席经常用手拍着桌子击节，高声吟诵岳飞的《满江红》和南宋词人陈亮的《念奴娇·登多景楼》词。

1975 年 8 月初的一天晚上，毛泽东慷慨悲歌地吟罢《念奴娇·登多景楼》词后，又让在场的工作人员一起念了这首词。①

毛泽东的眼睛复明后，有一天他又读陈亮的《念奴娇·登多景楼》。读着读着，忽然毛泽东哭了起来，真是情绪激动，涕泗滂沱，不能自抑。医生劝慰后询问才知道，他是因读陈亮词有感而泣。

陈亮是什么人？《念奴娇·登多景楼》又是一篇什么样的作品呢？

陈亮（1143—1194），字同甫，世称龙川先生，婺州永康（今浙江永康）人。南宋哲学家、文学家。光宗策进士，擢第一。授签书建康军判官厅公事，未赴任卒。曾多次上书，反对"和议"，力主抗金，痛斥秦桧之流是"国之贼"，提出"任贤使能""简法重令"等主张，遭到当权者的嫉恨，三次被诬入狱。所作政论气势纵横、笔锋犀利；词作也感情激越，风格豪放，表现出他的政治抱负。有《龙川文集》《龙川词》。

陈亮的《念奴娇·登多景楼》词，原文如下：

危楼还望，叹此意、今古几人曾会？鬼设神施，浑认作、天限南疆北界。一水横陈，连岗三面，做出争雄势。六朝何事，只成门户私计？

因笑王谢诸人，登高怀远，也学英雄涕。凭却长江，管不到、河洛腥膻无际。正好长驱，不须反顾，寻取中流誓。小儿破贼，势成宁问强对！

陈亮是南宋爱国主义思想家，志在恢复中原、收复失地。这首词集中表现了他的爱国主义精神。

---

① 杨建业：《在毛主席身边读书——访北京大学中文系讲师芦荻》，《人民日报》1979 年 12 月 29 日。

多景楼，在江苏省丹徒北固山甘露寺内，面对长江。隔江可以遥望军事重镇扬州，这一带是历史上兵家必争之地。为了推动抗金斗争，陈亮亲往京口（今江苏镇江）考察形势，登上多景楼，感慨万端，写下了这首著名的爱国篇章。

词的上阕一开头就提出："叹此意、今古几人曾会？"古往今来登多景楼的人，有几个能真正认识到它所特具的战略价值呢？长江天险，是自然界的造化之功，却被人们认作是上天注定的南疆北界。"浑认作"，带有鄙视之意。他分析长江的地理形势说，前面横着一条大江，可以阻拦北来军马；沿着长江南面还有一系列山峦，从三面向北围拢，显示出一副天然的作战优势。然而，这样好的地理条件，"六朝"做出了什么大事呢？仅仅为了一门一户的私人利益，甘愿退缩在江南一角，真是太可怜了！陈亮想起从东吴、东晋到宋、齐、梁、陈几个朝代都偏安江左，毫无雄心壮志，内心油然而生一种蔑视。表面上是指斥六朝，骨子里却是针对现实的。

下阕又用了几个典故，借古讽今，用六朝旧事对南宋当时划江自守的政策给予辛辣的讽刺。前三句用新亭对泣故事。"王谢诸人"，概指东晋世家大族的王坦之、谢安等上层人物，说他们空洒英雄之泪，却无克服神州的实际行动，借以讽刺南宋上层统治者有些人空有慷慨激昂的言辞，而无北伐的行动。"也学英雄涕"，讽刺尖刻辛辣。

"凭却长江，管不到、河洛腥膻无际。"意谓南宋凭借长江天险，自以为可以长保偏安一隅，哪里管得到广大的中原地区，长久为少数民族上层势力所盘踞，广大人民呻吟于铁蹄之下呢？这是对统治者"只成门户私计"的进一步批判。

"正好长驱，不须反顾，寻取中流誓。""中流誓"，用东晋末年祖逖统兵北伐，渡江击楫而誓的典故。在词人看来，凭借这样有利的江山地势，正可以长驱北伐，无须瞻前顾后，应当像当年祖逖那样，中游起誓，决心收复中原。

"小儿破贼，势成宁问强对！""小儿破贼"，见《世说新语·雅量》。淝水之战，谢安之侄谢玄等击败前秦苻坚大军，捷书至，丞相谢安方与客围棋，看书毕，默然无言，依旧对局。客问淮上利害，答曰："小儿辈大破贼。"强对"，强大的对手。《三国志·吴书·陆逊传》："刘备天下知名，曹操所惮，今在境界，此强对也。"末二句意谓，南方并不乏运筹帷幄、决胜千里的统帅、冲锋陷阵的猛将，完全应当像往日的谢安一样，对打败北方强敌具有充分信心，一旦有利形势已成，便当长驱直入，扫清河洛，尽须顾土，何虑敌人强大呢？

此时的毛泽东已年老力衰，力不从心，仍忧心国事，他看到北方帝国主义苏联在我边境陈兵百万，南方宝岛台湾尚未解放，统一大业仍未完成，自己又时日无多，忧患意识使他读这种词作时不能不强烈共鸣。

3. "天涯除馆忆江梅"

洪皓是毛泽东喜爱的南宋著名的爱国词人。1961年3月，毛泽东在《关于查找南宋几部诗文集的批语中说》：

> 找南宋张元干的《归来集》。
> 找南宋张孝祥的《于湖集》、词。
> 找南宋洪皓的诗文集。[①]

他在读清朱彝尊编选《词综》卷十二时，圈阅了洪皓这首《江梅引·天涯除馆忆江梅》词。

那么，洪皓是什么人呢？洪皓（1088—1155），字光弼，鄱阳（今江西鄱阳）人。南宋词人。北宋徽宗政和进士，累擢徽猷阁侍制。南宋高宗建炎三年（1129）假礼部尚书使金，逼降不屈，曾屡次将敌情辗转上达，被留14年始还。除徽猷阁直学士、提举万寿观，兼权直学士院。忤秦桧，贬居英州9年，出知袁州，至南雄州卒。其词多咏梅和留金怀归之作。著有《鄱阳集》《松漠纪闻》《金国文具录》等。今有辑本《鄱阳词》。

洪皓的《江梅引·天涯除馆忆江梅》原文如下：

---

① 《建国以来毛泽东文稿》第九册，中央文献出版社1996年版，第462页。

顷留金国，四经除馆。十有四年，复馆于燕。岁在壬戌，甫临长至，张总侍御邀饮。众宾皆退，独留少款。侍婢歌《江梅引》，有"念此情，家万里"之句，仆曰："此词殆为我作也。"又闻本朝使命将至，感慨久之。既归，不寐，追和四章，多用古人诗赋，各有一"笑"字，聊以自宽。如"暗香""疏影""相思"等语，虽甚奇，经前人用者众，嫌其一律. 故辄略之。卒押"吹"字，非风即笛，不可易也。此方无梅花，士人罕有知梅事者，故皆注所出。

天涯除馆忆江梅。几枝开？使南来。还带余杭春信到燕台。准拟寒英聊慰远，隔山水，应销落，赴诉谁？

空凭遐想笑摘蕊。断回肠，思故里。漫弹绿绮，引《三弄》，不觉魂飞。更听胡笳、哀怨泪沾衣。乱插繁花须异日。待孤讽，怕东风，一夜吹。

这首词是洪皓建炎三年（1129）使金被羁留燕京后所作。《江梅引》共四首，即"忆江梅""访寒梅""怜落梅"，第四首原缺题名，按其体例当作"雪欺梅"，每首以末三字为题。本篇是第一首。

洪皓出使金国，逼降不屈，流放冷山，常以敌情辗转上达，希望南宋兴师恢复失地。他被扣留金国长达14年之久，绍兴十三年（1143）始得回宋。后又触犯主和派秦桧，南谪岭表9年。55岁的词人，羁留金国期间，历尽磨难，坚贞不屈。家国之思，梦绕魂牵，蓄积既久，其发必速。郁积的感情一旦找到一个突破口，便奔腾澎湃一发不可收拾，一口气写了四首《江梅引》，借梅寄意，托梅传情，表现了深沉的家园之思。

"天涯除馆忆江梅。几枝开？"起首二句入题，写自己在万里之外的异国"除馆（使馆）"中忆念故国江南的梅花，不知它如今开了几枝？这个开端表达了词人对故国家乡的深挚感情。他很容易让人想起唐代诗人王维的《杂诗》："君自故乡来，应知故乡事。来日绮窗前，寒梅著花未？"王维以询问朋友的口吻，关怀故乡的梅花，表达了他对故乡的思念之情。洪皓词的发端，改变了视角，采用猜度、想象的方式，表达对国家的深情，各有千秋。

"使南来。还带余杭春信到燕台。"恰在这时，有祖国使臣从南方到来，设想他一定会把京都余杭（今浙江省杭州市）春天的信息带到金国燕台来。"燕台"，相传为战国时燕昭王筑，上置千金，招徕天下贤士，故址在今河北省易县。这里借指作者羁留的北地。作者自注："白乐天（按：即白居易）有《忆杭州梅花》诗：'三年闲闷在余杭，曾为梅花醉几场。'车驾（按：皇帝代称）时在临安。""余杭"即临安，当时是南宋国都，政治经济文化中心。所以，"余杭春信"表面仍指梅事，当自有别的含义。但作者由环境所迫，只就梅花来说。梅为春消息，使者带来数枝梅花，也就带来了南国的春天。《荆州记》载，南朝宋陆凯自江南寄梅花一枝给在长安的范晔，并赠诗云："折花逢驿使，寄与陇头人。江南无所有，聊赠一枝春。""余杭春信"即化用此意。

接下去几句："准拟寒英聊慰远，隔山水，应销落，赴诉谁？"顺着上面的思路，作者又进一步设想，使臣一定会带来几枝梅花，来聊以慰问远在异国他乡的词人。可是远隔千山万水，花朵想必也要零落，满腹哀情还向谁诉呢？唐代诗人柳宗元《早梅》诗："欲为万里赠，杳杳山水隔。寒英坐销落，何用慰远客！"借梅花的销落抒写对友人的怀念。洪皓化用其意，抒发对家国的深挚怀恋，内涵更加深厚。

"空凭遐想笑摘蕊。"换头处承上转下，由上阕写忆念故国过渡到下阕忆念家园。"凭（nín）"，这样。这句是说，自己徒然地憧憬着家里的佳人笑摘梅花的欢乐情绪。此句系化用南朝陈江总《梅花落》诗"桃李佳人欲相照，摘蕊牵花来并笑"诗意。但可惜这并不是现实，而是"遐想"，愈见其悲哀之深。

所以接下去仍从自身着笔，"断回肠，思故里。"这两个短句，感情浓郁：与妻子笑摘梅花形成了鲜明的对照，而且隐含了高适的《人日寄杜二拾遗》中"遥怜故人思故乡""梅花满枝空断肠"的意思在内。为了排遣回肠九曲、肝肠寸断的悲哀，只好漫不经心地弹起绿绮琴，奏出《梅花三弄》的曲子，神魂仿佛飞向遥远的南方故园。"绿绮"，古琴名。晋傅玄《琴赋序》："齐桓公有鸣琴曰号钟，楚庄有鸣琴曰绕梁，中世司马相如有琴曰绿绮，蔡邕有琴曰焦尾，皆名器也。""漫弹绿绮"是化用唐人卢仝

"含愁更奏绿绮琴，调高弦绝无知音"（《有所思》）的诗意。"引《三弄》"即《梅花引》，又称《梅花三弄》，古曲名。唐李白《清溪半夜闻笛》："羌笛《梅花引》，吴溪陇水情。"此指本篇。"更听胡笳"三句是说，词人正沉浸在神魂颠倒的相思之中，忽然哀怨的胡笳声把他惊醒，不由悲从中来，滚滚的泪水沾湿了衣裳。被羁留的现实使他认识到，乱插繁花的欢乐只能有待于将来了。这里是化用杜甫的两首诗中的句意，一为流寓四川所作《独坐》诗句："胡笳在楼上，哀怨不堪听"；一为《苏端薛复筵简薛华醉歌》："安得健步移远梅，乱插繁花向晴昊。"词人虽然被扣留金国14年，但他深信返回祖国的愿望总有一天要实现。词人的感情是高涨的，斗志是高昂的。

可词人也清醒地知道他的艰难处境，于是情绪又低落下来："待孤讽，怕东风，一夜吹。""待孤讽"句，化用宋诗人苏轼《次韵李公择梅花》诗："忽见早梅花，不饮但孤讽。""怕东风"二句，则化用唐人刘方平《梅花落》："新岁芳梅树，繁花四面同。春风吹渐落，一夜几枝空。"词人想通过自己的吟诵来表达对于故国梅花的忆念之情，可又担心一夜东风，把梅花吹成空枝。诗便戛然而止，忧思悲愤之情溢于言外。

《江梅引》第二首"访寒梅"：

> 春还消息访寒梅。赏初开。梦吟来。映雪衔霜、清绝绕风台。可怕长洲桃李妒，度香远，惊愁眼，欲媚谁。
>
> 曾动诗兴笑冷蕊。效少陵，惭下里。万株连绮。叹金谷、人坠莺飞。引领罗浮、翠羽幻青衣。月下花神言极丽，且同醉，休先愁，玉笛吹。

《江梅引》第三首"怜落梅"：

> 重闺佳丽最怜梅。牖春开。学妆来。争粉翻光、何处落梳台。笑坐雕鞍歌古曲，催玉柱，金卮满，劝阿谁。
>
> 贪为结子藏暗蕊。敛蛾眉，隔千里。旧时罗绮。已零散、沈谢双飞。不见娇姿、真悔著单衣。若作和羹休讶晚，堕烟雨，任春风，片片吹。

《江梅引》之四"雪欺梅":

　　去年湖上雪欺梅。片云开。月飞来。雪月光中、无处认楼台。今岁梅开依旧雪，人如月，对花笑，还有谁。

　　一枝两枝三四蕊。想西湖，今帝里。彩笺烂绮。孤山外、目断云飞。坐久花寒、香露湿人衣。谁作叫云横短玉，三弄彻，对东风，和泪吹。

　　本词艺术上一个重要特点，是大量运用有关梅花的成语典故，既有丰富的历史内涵又赋予时代新意，出神入化，不着痕迹，形象优美，跌宕多姿，表现了高超的艺术功力。

4. "君且去，休回顾"

　　毛主席还经常吟诵张元干的《贺新郎·送胡邦衡待制赴新州》一词。听主席身边的工作人员说，1975年4月，董必武同志逝世时，主席很难过，那一天都没怎么吃东西，也不说话，整整让放了一天这首《贺新郎》的唱片。主席时而躺着听，时而用手拍床，神情严肃悲痛，他老人家沉痛悼念自己的老战友董必武同志，过了不久，又把词的最后两句改为"君且去，休回顾"。说是原来的两句太伤感了。①

　　毛泽东比较喜爱的张元干是什么人呢？张元干（1091—1170？），又名元傒字仲宗，号芦川居士、真隐山人，芦川永福（今福建永泰）人。宋词人。他出身书香门第。其父名安道，进士出身，官至龙图阁直学士，能诗。张元干受其家风影响，从小聪明好学，永泰的寒光阁、水月亭是他幼年生活和读书处。十四五岁随父亲至河北官廨（在今河北临漳）已能写诗，常与父亲及父亲的客人唱和，人称之"敏悟"。20岁时，张元干到江西南昌向东湖徐师川先生请教诗词句法，常与当地诗社名家洪刍、洪炎、

---

① 杨建业：《在毛主席身边读书——访北京大学讲师芦荻》，《光明日报》1978年12月29日

苏坚、向子諲（张元干的舅父）等唱和。22 岁时又跟父亲到汴京（今河南开封）为太学上舍生。宋徽宗宣和七年（1125），任陈留县丞。靖康元年（1126），金兵围汴，入李纲行营使幕府，李纲罢，亦遭贬逐。宋高宗绍兴元年（1131），以将作监丞致仕（辞官），回福州。绍兴八年（1138），秦桧当国，力主和议，胡铨上书请斩秦桧等以谢天下，时李纲亦反对和议罢居长乐，元干赋《虞美人》词赠纲，对李纲抗金主张表示积极支持。胡铨被除名送新州编管，元干持所赋《虞美人》词送行。后桧闻此事，以他事追赴大理寺除名削籍。元干尔后漫游江浙等地，客死他乡，卒年约八十。至今，在福建永泰县嵩口镇上还有保存完好的"张元干纪念馆"。

张元干博览群书，文学修养很高，他能诗、能词、能文，其著作有《芦川归来集》10 卷、《芦川词》2 卷，计 180 余首。内容十分丰富，有写景色，歌颂祖国的美丽江山的；有抒发与朋友之间的交往和友情的；有怒斥昏庸误国的奸臣的；有写坚决抵抗金兵侵扰等情况的……他的著作洋溢着爱国激情，深受人们称赞。他尤长于词，其作品中的两首《贺新郎》最为著名，被称为压卷之作，《四库全书总目》说："其词慷慨悲凉，数百年后，尚想其抑塞磊落之气。"他的词风随着时代的变化而改变，早年词作，风格清新、婉丽；南渡以后豪放、悲壮，风节凛然。从词的发展史看，张元干生活于两宋之间，是一位承前启后的词作家，他继承了苏轼开创的豪放派的词风，又经过自己的创作实践，使词的内容更紧密地与抗击金兵侵扰和反对议和卖国等相结合，更能反映时代、反映社会的重大主题，成为对国事发表见解和感触的艺术手段。

张元干的词作，开拓了词的境界，赋予词以新的生命，开启了南宋词人的创作道路，其词的题材和风格，对后来的辛弃疾词派产生了重要影响，不愧为宋代著名的爱国词人。

张元干的《贺新郎·梦绕神州路》，原文如下：

> 梦绕神州路。怅秋风、连营画角，故宫离黍。底事昆仑倾砥柱。九地黄流乱注。聚万落、千村狐兔。天意从来高难问，况人情、老易悲难诉。更南浦，送君去。

凉生岸柳催残暑。耿斜河、疏星淡月，断云微度。万里江山知何处。回首对床夜语。雁不到、书成谁与。目尽青天怀今古，肯儿曹、恩怨相尔汝。举大白，听《金缕》。

这首词的题目是《送胡邦衡待制赴新州》。词题中的胡邦衡，即胡铨（1102—1180），字邦衡，号澹庵，庐陵（今江西吉安）人，南宋著名爱国词人。"待制"是皇帝的顾问官。宋高宗绍兴八年（1138），胡铨因反对宋金议和，请斩王伦、秦桧、孙近，遭贬。绍兴十二年（1142）更被编管新州（今广东新兴）。这首词是作者为将赴新州的胡铨送行时所作，表现出强烈的爱国主义思想。通篇跌宕悲壮，大气磅礴，堪称杰作。

"梦绕神州路"，词的上阕首句是说，我辈连做梦都离不开那中原故土。"神州"，战国时，驺衍称中国为赤县神州。这里指北方金人占领的中原一带。当时张元干寓居三台（今福建福州），为什么还梦绕魂牵地记挂着中原呢？

"怅秋风、连营画角，故宫离黍"，接下三句给以回答：在秋风中怅望，只见南宋军队军营相连，画角声声，军容似乎十分整肃、威武，但可悲的是北宋故都汴京（今河南开封），早已禾黍遍地，一片荒凉败落景象。"画角"，一种古乐器，出自西羌，形如竹筒，本细末大。以竹木或皮革制成，因外加彩绘，故叫画角，发声哀厉高亢，古时军中用以警昏晓。

"故宫离黍"是用典。《诗经·王风·黍离》写周朝的志士行经故都，看到故宫尽是禾黍，念国亡而不忍去，而作此诗，首句是"彼黍离离"，故以名篇。这三句将南北宋形势对照来写，缩万里于尺幅之中。

接着词人问道："底事昆仑倾砥柱。九地黄流乱注。聚万落、千村狐兔。""底事"，何事。"昆仑倾砥柱"，相传昆仑山有铜柱，其高入天，称为天柱。古代共工与颛顼争帝位，共工怒触不周山，天柱折。禹治水，破山通河，河水环山而过，山在水中如柱。见《神异经》《水经注》《淮南子》等书。"九地"，遍地。"黄流"，黄河之水泛滥成灾，比喻金兵侵扰。"千村狐兔"，指金人盘踞下的中原荒凉景象。这里词人一连用了三个比喻：用"昆仑倾砥柱"比喻北宋王朝的倾覆；用"黄流乱注"比喻中原沦陷的颠危时局；以"千村狐兔"比喻金人占领区的残破景象。词人愤慨地提出这些问题，在词中并没有明确回答，也无法回答。只能含糊地说："天意从来高难问，况人情、老易悲难诉。""天意"句，是化用杜甫《暮春江陵送马大卿公恩命追赴阙下》"天意高难问，人情老易悲"诗意。清陈廷焯《词则》说此句"情见于词，即悠悠苍天之意"。这里借指南宋最高统治者的旨意是无法窥测的，人之常情也是年老易生悲伤，但如今这种悲痛却无法向人诉说！这既是对南宋统治者苟且偷安的针砭，也是对因力主抗金而一连遭贬的友人胡铨的宽慰。这样便自然转到为胡铨送别上。上阕一路写来，全力逼出"更南浦，送君去"二句。"南浦"句，用江淹《别赋》"送君南浦，伤如之何"之意，使表达的感情更加深沉。

"凉生岸柳催残暑。"送行是在傍水之处进行的。夜风拂柳，凉气渐生，暑气顿消。换头处点明送行是在初秋。接着便描写当时夜景。银河斜挂，月明星稀，片片白云飘动。从银河斜挂特别明亮来看，说明别宴一直进行到深夜。宜人景色的描写之后，似乎该写朋友叙别，忽转接"万里江山知何处"一感慨之语。中原仍被金人占领，收复中原没有希望，祖国的万里江山又在哪里呢？愤激之至，却以问话出之，启人神思。但又不往下再说，却接了一句"回首对床夜语"的谈话。"对床夜语"，两人夜间对床共语，喻亲友间相聚的欢乐。本是今夜"对床夜语"，所谈内容或有对家国前途的预测，不便明言，故说将来"回首"今夜所谈，将证明二人的看法。既写出二人关系亲密，更进一步表达了他们对国事的担忧，又跳过一层，避免直说，举重若轻，笔力千钧。

"雁不到，书成谁与。"我国古代传说雁南飞不过衡阳，衡阳有回雁峰。胡铨所去之新州还在衡阳之南，所以说"雁不到"，言其地僻荒远，今后连通书信都难了。

"目尽青天怀今古，肯儿曹、恩怨相尔汝。"语出韩愈《听颖师弹琴》有"昵昵儿女语，恩怨相尔汝"。这几句是说，尽管分别在即，日后又难通音讯，但二人都是展望天下、胸怀古今的人，一心关注国家安危，以恢复中原为己任，岂肯像小儿女一样，个人恩怨呢呢喃喃说个没完没了？

末二句说："举大白，听《金缕》。""大白"，指斟满的酒樽。《说苑》:"魏文侯与大夫饮酒,使公乘不仁为觞政,曰:'饮不嚼者,浮以大白。'""《金缕》",指《金缕曲》,即《贺新郎》,又名《金缕歌》,以叶梦得有唱"金缕歌"句而得名。二句意谓,让我们举起酒杯痛饮消愁,听我唱这一曲《金缕曲》吧!可谓大气磅礴、余韵不尽。《四库全书提要》称这首词"慷慨悲凉,数百年后,尚想其仰塞磊落之气",不为过誉。

5. "问长缨、何时入手,束将戎主"

1935 年 10 月,毛泽东写的《清平乐·六盘山》:

> 天高云淡,望断南飞雁。不到长城非好汉,屈指行程二万。
> 六盘山上高峰,红旗漫卷西风。今日长缨在手,何时缚住苍龙？[①]

词中"今日长缨在手",即化用宋人刘克庄《贺新郎·国脉微如缕》中"问长缨,何时入手"句意。这首词原文如下:

> 国脉微如缕。问长缨、何时入手,缚将戎主？未必人间无好汉,谁与宽些尺度？试看取当年韩五,岂有谷城公付授,也不干曾遇骊山母。谈笑起,两河路。
> 少时棋柝(tuò)曾联句。叹而今登楼揽镜,事机频误。闻说北风吹面急,边上冲梯屡舞,君莫道投鞭虚语。自古一贤能制难,有金汤便可无张许？快投笔,莫题柱。

这首词写于宋理宗淳祐四年(1244)。词题是:《实之三和,有忧边之语走笔答之》。"实之",为王迈之字。王迈是刘克庄的莆田同乡,二人志趣相投,皆被罢官闲居家乡,经常酬唱往复。现存刘克庄与王迈唱和的词有 6 首,这是其中的第 4 首。本首豪气纵横,充溢着匡济时艰的激情,读之令人精神振作,亦可作露布读也。

---

① 中共中央文献研究室编:《毛泽东诗词集》,中央文献出版社 1996 年版,第 65 页。

词人因"实之三和，有忧边之语"，才和这首词，可知二人唱和的主题皆是关系国家命运的问题。因此，本首开端便说："国脉微如缕。"国家的状况已岌岌可危，如垂危的病人，脉搏弱如一丝。这该多么令人忧虑！"缕"，线。用一个"缕"字来比喻国家命脉，很富于形象性和感情色彩。

紧接着，词人大声疾呼："问长缨、何时入手，缚将戎主？"不知何时才能请得长缨，将敌酋擒缚。据《汉书·终军传》载，汉武帝时，终军出使南越，自请"愿受长缨，必羁南越王而致之阙下"。后来称自请从军报国为"请缨"。当刘克庄写此作之时，北方崛起的蒙古军队多次进攻南宋，赵宋王朝危在旦夕，而统治者却仍然醉生梦死，不思选贤任能、重振国威。

词人感慨深沉地说道："未必人间无好汉，谁与宽些尺度？"这种感慨自然是为自己与王迈等爱国志士受到压抑而发的，它具有很强的哲理色彩。

接着，词人便举例阐述这个看法。"试看取当年韩五，岂有谷城公付授，也不干曾遇骊山母。谈笑起，两河路。""韩五"，指南宋初年抗金名将韩世忠。"谷城公付授"和"遇骊山母"系用典。传说汉代张良因得谷城公传授《太公兵法》而本领骤增，辅佐刘邦创立汉朝江山；唐将李筌因得骊山老母讲解《阴符经》而建奇勋。词人拈出韩世忠为例，说他既没有名师传艺，也不曾有神仙指点，却能够谈笑之间在两河路杀敌立功，成为抗金名将。词人连用"试看取""岂有""也不干"等具有论说文章色彩的词语，形成严密的逻辑性和很强的思辨色彩，使全词散文化、议论化的特点显得格外突出。

词的下阕由"未必人间无好汉，谁与宽些尺度"联系到作者自身："少时棋柝曾联句。叹而今登楼揽镜，事机频误。""棋柝联句"，语出韩愈同李正封《晚秋郾城夜会联句》。李正封有句曰："从军古云乐，谈笑青油幕。灯明夜观棋，月暗秋城柝。"此处用此句意，言自己早年曾怀有从军报国之志。可叹而今壮志未酬人已老，登楼望远，揽镜自照，杀敌报国的机遇总是错过。这种有心报国、无路请缨的缚枪之感，通过今昔对比，表达得颇为充分。词人满腔激愤形之于笔端，接着又转为慷慨激昂的议论。

"闻说北风吹面急，边上冲梯屡舞。君莫道投鞭虚语。"接下来三句是说，听说北方风声正紧，蒙古军队用冲梯攻城，攻势十分凶猛。敌人南侵，宋王朝被吞并的危险确实存在。"投鞭"，为"投鞭断流"的省语。《晋书·苻坚载记》载，前秦苻坚进攻东晋时曾经扬言，东晋虽有长江天险，但是，"以吾之众旅，投鞭于江，足断其流"。这里是说，不要说蒙古兵"投鞭断流"一类的叫嚣是以大话恫吓，南宋王朝的局势已十分危急。

那么，如何才能转危为安呢？不能单靠长江天险，也不能单靠坚固的防御工事，主要的还是要依靠如张巡、许远一样的民族英雄。词人说："自古一贤能制难，有金汤便可无张许？""金汤"，金城汤池的省语，比喻防守巩固的城池。"张许"，指安史之乱期间抗击安史叛军的民族英雄张巡和许远。他们率领爱国军民坚守睢阳（今河南商丘南），杀伤大批敌人，牵制了敌人的兵力，为全国平定叛乱立下了不朽功勋。这里以"张许"代指南宋当时的爱国志士。"一贤能制难"，语出《旧唐书·突厥传》。卢俌向唐中宗上书曰："汉拜郅都，匈奴避境；赵命李牧，林胡远窜。则朔方之安危，边城之胜负，地方千里，制在一贤。"词人用古人古事古语，雄辩地议论了用人唯贤的重要性、迫切性。

最后词人大声疾呼："快投笔，莫题柱。"赶快投笔从戎，奔赴抗敌前线吧，不要再考虑个人的荣华富贵了！"投笔"，指从军报国。《后汉书·班超传》载，班超"家贫，常为官佣书以供养。久劳苦，尝辍业投笔叹曰：'大丈夫无他志略，犹当效傅介子、张骞立功异域，以取封侯，安能久事笔砚间乎！'"。"题柱"，指追慕荣利地位。《华阳国志·蜀志》载："司马相如初入长安，题其门曰：'不乘赤车驷马，不过汝下也！'"词人用"投笔""题柱"二典，表达了自己的爱国之心和高尚情操。

本篇议论纵横、慷慨激越，很能体现刘克庄散文化、议论化的词风。为了加强议论的力度，词中多处采用设问句、反问句、感叹句，还运用了一系列议论文体常用的关联词语。词中还以古人古事古语为创作材料，融化成篇，使自己的议论更富于说服力，更富于鼓动性。这是以文为词的一篇代表作品。

毛泽东《清平乐·六盘山》词中"今日长缨在手，何时缚住苍龙"二句，即化用刘克庄这首词中"问长缨、何时入手，缚将戎主"诗意。作者自注："苍龙：蒋介石。不是日本人。因为当前全副精神要对付的是蒋不是日。"这是毛词与刘词的不同之处。

五、"既苍凉又优美，使人不厌读"

（一）"既苍凉又优美，使人不厌读"

范仲淹（989—1052），字希文，苏州吴县（今江苏苏州）人。北宋大臣，文学家。宋真宗大中祥符进士，仁宗天圣中任西溪盐官，建议在泰州修建捍海堰。宝元三年（1040），任陕西经略安抚招讨副使，兼知延州，加强对西夏的防御。庆历三年（1043）任参知政事，曾建议十事，要求在原有的法制的范围内，作一些整顿的措施，包括限制"恩荫"为官，选用干练的人员，严格执行政令等项，又主张兴修水利。因遭反对，未能实现。罢政后，出任陕西四路宣抚使、邓州（今河南邓州）刺史，还在杭州、青州（今山东青州）做过官。皇祐四年（1052）调任颍州（今安徽阜阳），在赴颍州途中病死。所作散文富于政治内容；词传留仅五首，风格较为明健，善写塞上风光。有《范文公集》。

范仲淹可谓毛泽东终生服膺之人。早在1913年毛泽东在湖南第一师范读书时的《讲堂录》中，就记载着范仲淹年轻时"励志苦学，三年衣不解带"的话："范文正世家子，父丧，幼随母适朱，故名朱悦。初不自知其为范氏子也，人告以故，乃感极而泣。励志苦学，三年衣不解带。尝见金不取，管宁之亚也。公盖苏州人。子尧夫，仁侠似之，尝遇故旧于途，见窘于资，指赠以麦云。"[①]对他的苦学精神表示钦佩。

---

① 中共中央文献研究室、中共湖南省委《毛泽东早期文稿》编辑组编：《毛泽东早期文稿》，湖南出版社1990年版，第593页。

1914 年，比他高三年级的同学萧子升，曾把自己写有 20 多篇作文的两个大练习本借给毛泽东看，其中第一篇作文便是"《评范仲淹的〈严先生祠堂记〉》"。文中认为，光武帝仅仅请朋友帮忙处理繁难的政务，未必就是求贤若渴；严光也并不像人们所说的那样纯洁高尚，如果他早知道自己不会接受委任，那么他为什么还来拜访皇帝并与之同床共寝？这不也表明他同样爱慕虚荣吗？据萧子升在《我和毛泽东的一段曲折经历》(法文版原名《我和毛泽东曾是乞丐》) 中记述："毛不同意我的一些见解。整个黄昏，我们都在争论。""毛泽东的看法却是这样的：他认为刘秀登基后，严光应该当宰相，就像比他早 200 年的前人张良辅佐汉高祖一样。"我反驳道："你显然没有理解严光的思想。"①

　　毛泽东在 1919 年 8 月 23 日致黎锦熙的信中说：

　　"弟对于学校甚多不满之处，……弟久思组织私塾……所忧盖有三事：一曰人，有师有友，方不孤陋寡闻；二曰地，须交通而避烦嚣；三曰财，家薄必不能任，既不教书，阙（缺）少一分收入，又须费用，增加一分支出，三者惟（唯）此为难。然拟学颜子之箪瓢与范公之画粥，冀可勉强支持也。"②表示自己要办一种中西合璧的学校，要"学颜子之箪瓢与范公之画粥"，来解决经费之不足。

　　毛泽东在 1913 年 10 月至 12 月的《讲堂录》11 月 23 日《修身课》笔记中写道："有办事之人，有传教之人。前如诸葛武侯范希文，后如孔孟朱陆王阳明等是也。

　　宋韩范并称，清曾左并称。然韩左办事之人也，范曾办事而兼传教之人也。"③

　　在这里，毛泽东把历史上有成就的人分为三类："办事之人""传教之人""办事兼传教之人"。他举例说，诸葛亮是办事之人，孔子、孟子、朱熹、陆九渊、王阳明这些哲学家、思想家，都是传教之人。在宋代，"韩

---

　　① 陈晋主编：《毛泽东读书笔记解析》，广东人民出版社 1996 年版，第 88—89 页。
　　② 中共中央文献研究室、中共湖南省委《毛泽东早期文稿》编辑组：《毛泽东早期文稿》，湖南出版社 1990 年版，第 89—90 页。
　　③ 同上，第 591 页。

五、『既苍凉又优美，使人不厌读』

范并称"，在清代，"曾左并称"，但韩琦、左宗棠是办事之人，而范仲淹、曾国藩是"办事而兼传教之人也"。他认为，范仲淹与曾国藩不仅能建立事功，而且能立言、立德，沾溉后人。由此可见，他对范仲淹的评价之高。

范仲淹的事功，主要是他采取"屯田久戍"方针，防御西夏入侵的成功，提出10项改革措施的"庆历新政"，以及任外任时的种种善举。范仲淹的立言、立德，主要表现在《岳阳楼记》中抒发的"不以物喜""不以己悲""先天下之忧而忧，后天下之乐而乐"的忧国忧民理想与抱负。毛泽东对范仲淹的这两个方面都加以肯定，给予很高评价。1959年毛泽东回故乡韶山看望父母的墓时对人说："前人辛苦，后人幸福。先天下之忧而忧，后天下之乐而乐。"回到绿树成荫的住所，当陪同来的罗瑞卿在午后去看望他时，他还说："我们共产党人是彻底的唯物主义者，不迷信什么鬼神。但生我者父母，教我者党、同志、老师、朋友也，还得承认。"并说："我下次来，还要去看看他们两位。"他援引范仲淹的名言，用以说明中国革命胜利来之不易，勉励人们珍惜今天的幸福生活。

范仲淹是有远大抱负的政治家、军事家，不过是"余事作诗人"。但他也擅长辞赋，他流传下来的词不过五六首，大抵是写边塞生活的。

延安时期，1937年5月的一天，叶子龙随毛泽东登嘉岭山，走到范公井处，毛泽东讲了范仲淹驻守延州的故事，他说："范仲淹是个了不起的人物，'先天下之忧而忧，后天下之乐而乐'，古人尚且如此，我们共产党人要做得更好些。"①

同年的一天，毛泽东同刚到延安不久的左漠野谈话。因左漠野是湖南岳阳人，他们的谈话便从岳阳楼谈起。说到《岳阳楼记》，毛泽东特别赞赏其中的"先天下之忧而忧，后天下之乐而乐"这两句，他说："'先忧后乐'的思想，较之'吃苦在前，享受在后'的提法，境界更高了。"他从《岳阳楼记》的作者范仲淹，说到延安钟鼓楼上书有"范韩旧治"四字

---

① 叶子龙口述，温卫东整理：《叶子龙回忆录》，中央文献出版社2000年版，第47—48页。

的横匾。他说:"延安也是范仲淹的旧游之地。'范韩'就是范仲淹、韩琦。为了防御西夏入侵,他们曾经镇守延安。西夏人称范仲淹胸中有数万甲兵。当时有一个民谣:'军中有一范,敌人闻之惊破胆'。许多人都知道范仲淹是一个文人,很少人知道他还是个镇守边疆的主帅。中国历史上有些知识分子是文武双全,不但能够下笔千言,而且是知兵知战。范仲淹就是这样的一个典型。"

左漠野说:"我爱范仲淹写的词,特别是那首《渔家傲》:'塞下秋来风景异,衡阳雁去无留意……'"

毛泽东说:"那是他在陕北戍边的时候写的,他是一个边塞词人。"①

1957年8月1日,毛泽东"睡不着",哼范仲淹的两首词,谈了他对宋词婉约、豪放两派的看法:

> 词有婉约、豪放两派,各有兴会,应当兼读。读婉约派久了,厌倦了,要改读豪放派。豪放派读久了,又厌倦了,应当改读婉约派。我的兴趣偏于豪放,不废婉约。婉约派中有许多意境苍凉而又优美的词。范仲淹的上两首②,介于婉约与豪放两派之间,可算中间派吧;但基本上仍属婉约,既苍凉又优美,使人不厌读。婉约派中的一味儿女情长,豪放派中一味铜琶铁板,读久了,都令人厌倦的。人的心情是复杂的,有所偏但仍是复杂的。所谓复杂,就是对立统一。人的心情,经常有对立的成分,不是单一的,是可以分析的。词的婉约、豪放两派,在一个人读起来,有时喜欢前者,有时喜欢后者,就是一例。睡不着,哼范词,写了这些。江青看后,给李讷看一看。

> 一九五七年八月一日③

① 左漠野:《回忆毛主席二三事》,见徐新民主编:《在毛泽东身边》,中共中央党校出版社1993年版,第111页。

② 指《苏幕遮·碧云天黄叶地》和《渔家傲·塞上秋来风景异》。

③ 《读范仲淹词二首批语》,《毛泽东读文史古籍批语集》,中央文献出版社1993年版,第27—29页。

五、『既苍凉又优美,使人不厌读』

现在我们来看毛泽东所哼范仲淹的两首词。第一首《苏幕遮·碧云天，黄叶地》原文是这样的：

　　碧云天，黄叶地，秋色连波，波上寒烟翠。山映斜阳天接水，芳草无情，更在斜阳外。

　　暗乡魂，追旅意，夜夜除非，好梦留人睡。明月楼高休独倚。酒入愁肠，化作相思泪。

这首词抒写羁旅相思之情，上阕写景，下阕抒情，这本是词中常见的结构和情景结合方式。它的特色在于阔远之境、秾丽之景与深挚之情的统一。写乡思离愁的词，往往借萧瑟的秋景来表达，这首词所描绘的景色却是阔远而秾丽。他一方面显示词人胸襟的广阔和对生活对自然的热爱，反过来衬托了离情的伤感；另一方面又使下阕所抒之情显得柔而有骨，深挚而不流于颓废。整体来说，这首词的用语和手法虽与一般的词类似，意境情调却近于传统的诗。这说明，抒写离愁别恨的小词，是可以写得境界阔远，不局限于闺阁庭院、儿女情长的。邹祗谟说："范希文《苏幕遮》一调，前段多入丽语，后段纯写柔情，遂成绝唱。"这指出了范词的独创性。

再看第二首《渔家傲·塞下秋来风景异》：

　　塞下秋来风景异，衡阳雁去无留意。四面边声连角起。千嶂里，长烟落日孤城闭。

　　浊酒一杯家万里，燕然未勒归无计。羌管幽幽霜满地。人不寐，将军白发征夫泪。

这首词大笔挥洒，写得沉郁苍凉。边声角声、长烟落日的景象，构成了壮丽雄伟的背景，烘托出戍边将士立功报国的壮志和离家万里的忧思。这与词人的思想境界和亲身体验的生活是分不开的。这时候，范仲淹已经是50多岁了，词里的白发将军，正是他自己的写照。

毛泽东对范仲淹这两首词的评价是"既苍凉又优美"，属于"中间派"，并由此引出他对于宋词中婉约与豪放两派的评论。"词为艳科"，词自晚唐产生以来，历经五代，至宋初词学大盛逐渐分成婉约和豪放两大派别。正如毛泽东所说："在同一朝代，如宋朝，有柳永、李清照一派，也有苏东坡、陆游一派。柳、李的作品只讲爱情。"① 两派在内容和形式上都有明显差异，但主要是从风格上区分的。婉约派风格绮靡婉约、情意绵绵，豪放派豪迈宏伟、气势奔放。俞文豹《吹剑录》有一则故事很能说明这个问题。故事援引俞文豹的话说："东坡在玉堂日，有幕士善歌，因问：'我词何如耆卿？'对曰：'郎中词，只好十七八女子，执红牙板，歌'杨柳岸，晓风残月'；学士词，须关西大汉，绰铁板，唱'大江东去'。东坡为之绝倒'。"从毛泽东的批评看，也是从风格上来区分婉约与豪放的。

毛泽东对两派不加轩轾，但他申明自己的兴趣是"偏于豪放，不废婉约"。从文学欣赏来看，毛泽东圈画苏轼、陆游、岳飞、张元干、张孝祥、刘过等不少豪放派词人的作品，而圈画最多的是辛弃疾的词，约98首；而婉约派的张先、秦观、李清照、朱素真等词人的也有圈画，圈画最多的是柳永，也有35首之多。从诗词创作来讲，毛泽东是豪放诗人，但也不乏婉约的情调。他的大部分诗词都是慷慨激昂、豪壮乐观的，但也有几首婉约情调的绝唱。如他1921年写的《虞美人·枕上》和1923年写的《贺新郎·别友》，都深切地表达了毛泽东和杨开慧之间缠绵缱绻的柔情蜜意，透露出毛泽东作为一代伟人不常显露的内在情思，无疑是地道的婉约风格。

值得注意的是，毛泽东在说明他读宋词时对作品风格的选择，有两个角度：一是从鉴赏的客体（作品）讲，不同风格的作品给予读者的审美享受不同，要不断转换作品类型，调剂阅读趣味；二是从欣赏主体（读者）的审美需求来讲，因时因地而异，需要不断转换作品风格。这样就从文艺鉴赏心理学角度，阐明了接受主体与作品风格的关系，值得人们注意。

---

① 1963年2月26日在中央工作会议上召集各大区第一书记的谈话。

（二）其他词人名篇欣赏

1."却将万字平戎策，换得东家种树书"

毛泽东读 1959 年中华书局影印本《稼轩长短句》时，圈阅了这首辛弃疾的《鹧鸪天·壮岁旌旗拥万夫》词。这首词原文是：

有客慨然谈功名，因追念少年时事，戏作。

壮岁旌旗拥万夫，锦襜（chān）突骑渡江初。燕兵夜娖（zhuō，通"捉"）银胡䩮，汉箭朝飞金仆姑。

追往事，叹今吾。春风不染白髭须。却将万字平戎策，换得东家种树书。

这首词是辛弃疾晚年闲居时所作。辛弃疾自 22 岁南归以后，一直怀着杀敌报国、恢复中原的壮志，不断上书皇帝和宰相，谋划北伐策略，并训练军队，召集民兵，恢复沿边经济，筹集军备，积极准备北上。但是他的建议一直未被采纳，南宋当权者也一直没有把他放在抗金斗争最关键的地方，以致屡遭排挤，数次罢官，壮年被迫闲居，便被弃置田园。但他不安于山林的隐居生活，时常怀念起青年时期那种烽火漫天、金戈铁马的抗金生活，此词就是在这种思想状态下写成的。虽题为"戏作"，却饱含着烈士暮年的激愤。

辛弃疾在 22 岁时参加了山东耿京的抗金义军。他在《美芹十论》中自述："臣尝鸠众二千，隶耿京为掌书记，与图恢复，共籍兵二十五万，纳款于朝。"绍兴三十二年（1162）正月，耿京派他到建康谒见宋高宗，授耿京为天平军节度使，辛弃疾任右承务郎、天平军掌书记。辛弃疾回到海州（今江苏连云港西南）时，耿京被叛徒张安国杀害。张投降女真，义军瓦解。辛弃疾十分悲愤，率五十余骑直趋济州（今山东巨野）。张安国正与金将痛饮，辛弃疾把他缚于马上，带领耿京旧部上方义军飞奔淮上，星夜疾驰，金军追赶不及，将叛徒张安国献于行都处死。这首词上阕写的就是这段往事。"锦襜突骑"，身穿锦衣的精悍骑兵。"燕兵"，北方燕地的兵，此处指女真金兵。"娖"，齐整之状。"胡䩮"，《集韵》说是箭室，即装箭的袋子。"金仆姑"，箭矢名。词中"夜娖""朝飞"，可见当年作者星夜疾驰、束马衔枚、箭如飞蝗的激战情景。上阕全是在追念少年时事，将 25 万义军旌旗飞卷的声势和自己突骑渡江的壮举，描绘得有声有色，十分激动人心。

下阕跌回眼前。"追往事，叹今吾。春风不染白髭须。"山花草木尚可以"春风吹又生"，但须发苍白却不能在春风里复苏。这不仅是感叹岁月流逝和英雄老去，更将壮岁之突骑与暮年之无为成对比，慨叹身世。

"却将万字平戎策，换得东家种树书。"结尾两句又继续深入开掘。当年写下的抵御外敌、平定侵扰的战略战策，已经毫无用处，只能换些种植花草树木的书。辛弃疾南归后，曾先后上《美芹十论》《九议》等恢复策略，对宋金双方政治军事经济形势作了深入的分析。南宋初期，如何对待抗御金朝的军事威胁，是当时面临的首要问题。从文献资料看，在南宋文臣武将中，真能知己知彼，对战争形势作出恰当准确的分析，并能指出一条收复失地的有效措施的人为数实不多。辛弃疾可谓是这为数不多的人物之一。刘克庄曾评其策论说："议论尤英伟磊落"，"笔势浩荡，智略辐辏，有《权书》《衡论》之风"。辛弃疾对战争双方国力、军力、形势、民心、战机等的分析，尤其具有灼见。辛弃疾既然富于兵家韬略，而又生当宋金对峙之时，理应为南宋所亟需的人才，然而，南宋最高统治者把他视为"归正人"，不但受歧视，而且一生受到排斥压抑。刘克庄对此曾感叹说："呜呼！以孝皇（孝宗赵昚）之神武，及公盛壮之时，行其说而尽其才，纵未封狼居胥，岂遂置中原于度外哉？机会一差，至于开禧，而公亦老矣。余读其书，而深悲焉。"从此词的结尾，联系到作者一生的遭遇及刘克庄的评论，真使人扼腕浩叹不已。明代李镰评此词说："老骥伏枥之志奚啻千里邪！"

2. "醉里且贪欢笑，要愁那得工夫"

毛泽东曾手书这首辛弃疾《西江月·醉里且贪欢笑》词中从"昨夜松边醉倒"至"以手推松曰：'去！'"数句。

辛弃疾《西江月·醉里且贪欢笑》原文是：

> 醉里且贪欢笑，要愁那得工夫。近来始觉古人书，信著全无是处。
> 昨夜松边醉倒，问松："我醉何如？"只疑松动要来扶，以手推松曰："去！"

这首词题作"遣兴"，有遣怀、抒发情怀、解闷散心之意。唐杜甫《可惜》诗云："宽心应是酒，遣兴莫过诗。"宽心，使心情放松。意思是胸中有忧愁郁闷需要排解，所以要通过写诗表现出来。辛弃疾也正是这样。曹操《短歌行》诗云："慨当以慷，幽思难忘。何以解忧？惟有杜康。"

"醉里且含欢笑，要愁那得工夫。"词的起首二句抒情。词人便如同曹操一样，把"醉"和"愁"联系起来，仍是借酒浇愁之意。二句是说，只好醉里贪欢，免得老是犯愁。说没工夫发愁，是反话，实际是说愁太多了，要愁也愁不完。

"近来始觉古人书，信著全无是处。"三四句为议论，是词人的激愤之言。《孟子·尽心下》说："尽信《书》，则不如无《书》。"本意是说古书上的话难免有与事实不符的地方，未可全信。辛弃疾反用此语，是说古书上尽管有许多至理名言，现在却无人遵从，因此信它不如不信。无非证明当今社会是个反常的、无理性的、脱离历史的社会，并不是责怪"古人书"。

上阕词人曲笔达意，正话反说，有咀嚼不尽之味。

下阕便写出了一个戏剧性的场面。"昨夜松边醉倒"，词人竟然跟松树说起话来。他问松树："我醉得怎么样？"看见松枝摇动，以为是松树要扶他起来，便用手推开松树，并厉声喝道："去！"醉酒之神态，活灵活现。词人性格之倔强，得到了充分表现。末句这个推松的动作和话语，是仿照《汉书·龚胜传》记龚胜"以手推（夏侯）常曰：'去！'"完全是以散文句法入词。这种创造性的探索十分成功。

对这首极富趣味的词，毛泽东也十分喜爱。

3."忆昔午桥桥上饮，坐中多是豪英"

陈毅作为一位元帅诗人，在他的一生中，对毛泽东的诗词是十分推崇和珍爱的，而毛泽东作为陈毅的一位忠实诗友，则又时常关注着陈毅的诗作。

早在井冈山时期，陈毅就是毛泽东的诗友。每有余暇，两人便在一起谈论诗词或者朗诵中国古典诗词。后来，陈毅在回忆这一时期的生活时曾说，毛泽东在井冈山时很喜欢宋朝诗人陈与义的一首《临江仙》词：

> 忆昔午桥桥上饮，坐中多是豪英。长沟流月去无声。杏花疏影里，吹笛到天明。
>
> 二十余年如一梦，此身虽在堪惊。闲登小阁看新晴。古今多少事，渔唱起三更。①

陈与义（1090—1138），字去非，号简斋，洛阳（今河南洛阳）人。宋徽宗政和三年（1113）上舍甲科，授开德府教授。南宋高宗绍兴年间，累官参知政事。从高宗至建康（今江苏南京）。还临安（今浙江杭州），提举洞霄宫，卒。长于诗。他是江西诗派的代表性作家之一。词虽不多，"识者谓可摩坡仙（苏轼）之垒"。有《简斋集》，附《无住词》18 首。

陈与义是两宋之交的著名诗人，也善于填词。他平生致力于诗，所作甚多，约 600 首，而其词作仅有其《无住词》18 首，其中绝大部分是他晚年奉祠退居湖州青墩镇寿圣院僧舍时所作。青墩僧舍有"无住庵"，陈与义曾在这里住过，故遂以"无住"名词。

这首《临江仙》词题作《夜登小阁，忆洛中旧游》，约作于宋高宗绍兴五年（1135）前后，是陈与义退居青墩镇僧舍时所作，时年四十六七岁。陈与义是洛阳人，他追忆 20 多年前的"洛中旧游"。那时是宋徽宗政和年

---

① 袁德金：《毛泽东与陈毅之谜》，上海古籍出版社 2006 年版，第 354—355 页。

间，天下还太平无事，可以有游赏之乐。其后金兵南下，北宋灭亡。陈与义流离失所，逃难南方，艰苦备尝。而南宋朝廷则在播迁之后，仅能苟且偷安。词人回忆起往事，真是百感交集，因作此词抒发自己的身世悲慨。但是当他作词以抒发这种感慨时，并不直写事实，而是用空灵的笔法以唱叹出之。

上阕是追忆洛中旧游。"忆昔午桥桥上饮，坐中多是豪英。"起首二句叙事，亦是点醒题目。"午桥"，在洛阳南十里许，是个佳胜去处。唐代名相裴度任东都留守时曾居其间，筑绿野堂别墅，与白居易、刘禹锡交游，把酒相欢其间。宋人张齐贤，在宋太祖幸西都时，以布衣陈十策。太祖归谓晋王曰："他日可使辅汝为相。"太宗即位，取进士，置下第。帝不悦，一榜尽赐及第。以大理评事通判衡州。真宗时官至兵部尚书、同中书门下平章事，寻以司空致仕。他议论慷慨有大略，留心刑狱。归洛阳，得裴度午桥庄，日与故旧游钓其间。午桥庄亦是词人和旧友们的相聚之所，遂成为词人历久难忘、频频回顾的触发点。"忆昔"领起上阕的意境和意趣的描述，把时间和空间一下子推展开去。

最能激发词人思旧之绪的是"午桥桥上饮"的情景。忆午桥之饮，其核心是忆坐中豪英。接着词人便描绘了一幅幽美而极富神韵的豪英夜饮图："长沟流月去无声。杏花疏影里，吹笛到天明。"午桥濒临洛河，"长沟"，当指洛河。天上的明月映在河里，河水默默地流向远方。满座豪英开怀畅饮，酒酣耳热之时，议论风发，不可抑止。然后又在朦胧的月光中、枝叶扶疏的杏花底下吹笛取乐，悠扬的笛声一直响到天明。"长沟流月"的天上地下的空间配置，使境界开阔舒展。月光临照，投影水中，无声地流向远方而去。"去无声"，点染"长沟流月"的独有特征，创造出一种幽美意境。词人远送水、月而去，视线却落在桥畔。"杏花疏影"的迷离景象，犹如一幅淡勾轻勒的水墨画。当然，"无声"是为了突出有声，果然，豪英们"吹笛到天明"。吹笛竟到天明，一句写尽旧游的盛况、旧友的豪情。至此，20余年来难以释怀的旧游图景便惟妙惟肖地描绘出来了。由"无声"到有声的转换，是格调、氛围由静谧到昂奋的变化。清人沈际飞《草堂诗余正编》曰："'流月''无声'，巧语也；'吹笛''天明'，爽语也。"由"巧语"到"爽语",正显示出这种情绪变化的轨迹。

下阕写闲登小阁所见所感。"二十余年如一梦,此身虽在堪惊。"起首二句一下子说到当前,两句中包含了南北宋交替之际20多年中无限的国事沧桑、自身颠沛流离的艰辛和知交零落之感,内容极其丰富,而用笔极其空灵。

"闲登小阁看新晴。古今多少事,渔唱起三更。"接下来三句,不再接上文之意发抒悲叹,而是宕开去写。想到国家的兴亡盛衰,古今同慨,于是看新晴、听渔唱,将沉挚的悲感化为旷达。

这首词疏快明亮、浑成自然,如水到渠成,不见矜心作意之迹。宋代张炎称此词"真是自然而然"(《词源》卷下)。

毛泽东在揭竿而起后的井冈山斗争时期,喜读陈氏写昔年与朋友优游生活的词作,是对往昔"携来百侣曾游"生活的回忆,又是渴求"豪英"心情的流露。

4. "天教心愿与身违"

1948年10月12日,毛泽东让他的卫士长李银桥把自己的笔记本拿出来,帮他修改病句和错别字。当他逐页逐句地看到笔记中有一首词时,毛泽东先是愣了一下,随后又大笑起来:"银桥呀,你把南唐冯延巳的《浣溪沙》词写错了。"

李银桥拿过本子来一看,说:"没错,这是主席在朱官寨时念出来的呀!"毛泽东止住笑,将李银桥误写错的"转注飘朋一梦归,于旬陈迹常人飞,天叫心愿与身违"的词句改写为正确的原句。[①]

冯延巳(约903—960),一名延嗣,字正中,广陵(今江苏扬州)人。五代词人。南唐李昪时官至元帅府掌书记。南唐中主李璟时,历任谏议大夫、户部侍郎、同平章事等职。无治国之才而有文才,工诗,尤喜为乐府词。其词长于抒写人的内心感情,语言清新自然、委婉情深,不事雕

---

① 邸延生:《历史的真言——李银桥在毛泽东身边工作纪实》,新华出版社2000年版,第58页。

琢。有《阳春集》行世。

前面提到的冯延巳《浣溪沙》词，原文是：

> 转烛飘蓬一梦归，欲寻陈迹怅人非。天教心愿与身违。
> 待月池台空逝水，荫花楼阁谩斜晖。登临不惜更沾衣。

这首词写词人故地重游、人非物是的人生感慨。词人采取倒叙结构，上阕先抒发词人人非物是的感慨，下阕再叙故地重游的情景。"转烛飘蓬一梦归，欲寻陈迹怅人非。"起首二句叙事，意谓世事变幻莫测，自己又像一棵无根的蓬草，到处漂泊，如今归来，寻找多年前的旧迹，发现令人感叹的却是人非物是。人非物是，又作物是人非，意谓人事变迁，景物依旧。人与物两相比照，容易使人产生今非昔比之感，非常失意，这就逼出了下句："天教心愿与身违。"此句议论，是说自己多年的亲身经历与心愿是相乖违的，这是自己不愿意看到的，是一种无法抗拒的力量（"天"）造成的，当然，是无可奈何的了。

下阕写词人故地重游的情形，揭示产生人生感慨的原因。"待月池台空逝水，荫花楼阁谩斜晖。"起首二句描状，交代词人寻访"陈迹"的时间和地点。时间是夕阳西下之时（"斜晖"）、月亮东升之际（"待月"），即傍晚时分，俗谓黄昏。这不能不让我们想起南宋女词人朱淑真的著名词句："月上柳梢头，人约黄昏后。"（《生查子》）由"待月"又让我们想起唐代小说家元稹的《莺莺传》载，莺莺约张生月夜在花园相会，题《明月三五夜》诗一首。其词曰："待月西厢下，迎风户半开。拂墙花影动，疑是玉人来。"后因以"待月西厢"谓情人私相约会。后来在元杂剧中王实甫的《西厢记》，便把这个爱情故事发展为经典性的爱情喜剧，这更是家喻户晓了。看来词人选择黄昏时分来故地重游，是刻意所为，展现在他眼前的景观是，山光水色依旧，亭台楼阁依然，"伤心桥下春波绿，曾是惊鸿照影来"（陆游《沈园二首》）。看来词人和他一位所钟爱的女子，在这里有一件憾事，所以，事隔多年以后还来寻访"陈迹"，重温旧梦。然而，"物是人非事事休，欲语泪先流"（李清照：《武陵春》）。即便如此，词人也毫不退缩，所以末句写道："登临不惜更沾衣。"如果当时没下雨，那便是夜露沾衣了，说明词人徘徊其间已经很久了，看来这是一段不了情啊！

总之，这首词中所表现的词人故地重游时人非物是、"心愿与身违"的人生感慨，不单是一种个人生活体验，而具有一种普遍意义。因为它揭示了一种生活哲理，给人以启迪和教益。俗话说"不如意事常八九"，就是说的这种生活体验。这便是这首词葆有艺术魅力的原因所在。

5."不眠特地长相忆"

1975 年 8 月，毛泽东重病期间，曾口述冯延巳的词《归国谣》，寄给女儿李讷。他口述是：

"何处笛，深夜梦回情脉脉，暗风残雨寒窗湿。今头白，不眠特地长相忆。录古人短句一首。"[1]

《归国谣》（谣，当作遥），唐教坊曲名，后用为词牌，见《花间集》。双调 42 字或 43 字，仄韵。《词律》误为调，称《归自谣》为《归国谣》之一体，双调 34 字，仄韵。但两首实非一体，《词律》已分列。本首应为《归自谣》。

这首《归自谣》的原文是：

> 何处笛？终夜梦魂情脉脉，竹风檐雨寒窗滴。
> 离人数岁无消息。今头白，不眠特地重相忆。

这首词写一个女子梦醒之后，对外出数年不归且无消息的丈夫的深情思念。一说欧阳修作。

上阕写女主人公彻夜难眠。意思是说，什么地方传来吹笛子的声音啊？梦中醒来我整夜深情地思念着心上的人，透过竹丛的风吹落屋檐上的雨把窗户都打湿了。笛声的凄婉、风雨夜之清冷，与女主公的惨苦的心境，正相协调一致。

---

[1] 黎之：《文坛风云录》，河南人民出版社 1998 年版，第 415—416 页。

下阕写女主人公彻夜不眠的原因。意思是说，丈夫离开自己远走他乡，好几年没有消息，现在我的头发都白了，夜里睡不着觉，特别地又回忆起他。丈夫远走他乡，数年杳无音讯。多情女子只好日复一日、年复一年地思念，时日益久，思之弥深。如今头发白了，这自然有岁月流逝的因素，但主要的恐怕是忧愁凄苦的折磨和含情脉脉的苦苦相思所致。于是，一个对丈夫梦绕魂牵的思妇形象，便站立在我们面前了。

毛泽东口述与原作有所出入："深夜梦回"原作"终夜梦魂"，"暗风残雨寒窗湿"原作"竹风檐雨寒窗滴"，"不眠特地长相忆"原作"不眠特地重相忆"，意思更明白，更切合自己当时的情形；删去了"离人数岁无消息"一句，显然也是根据实际情况有意删去的。从这些不同之处，笔者认为是毛泽东有意改动，以表达他当时的心情。这种心情，不仅婉约、沉郁而且凄婉了。

6. "消息未通何计是"

据徐中远撰文说，在延安时，毛泽东得到一套1938年上海出版的《鲁迅全集》的"纪念本"（这种"纪念本"共发行不到200套，是很珍贵的）。他"忙里偷闲"，在枣园窑洞里挑灯夜读。边读边圈点，遇有排版上的错讹，还顺手改正过来。《鲁迅全集》第四卷的《二心集》中有一篇题为《唐朝的盯梢》的散文，其中有一段文字，记述唐代的诗人张泌，写有《浣溪沙》十首。其九云："晚逐香车入凤城，东风斜揭绣帘轻，慢回娇眼笑盈盈。消息未通何计从，便须佯醉且随行，依稀闻道太狂生。"毛泽东读到"消息未通何计从"时，将"从"字改为"是"。①

张泌，字子澄，安徽淮南（今江苏扬州）人。生卒年不详。初官句容尉上书陈治道，南唐后主征为监察御史，累官至内史舍人。随后主归宋，仍入史馆，迁虞部郎中。后归家毗陵（今江苏常州）。现存词27首。其作大多为艳情词，风格介乎温庭筠、韦庄之间而倾向于韦庄。用字工练，章

---

① 萧永义：《毛泽东诗词史话》，东方出版社1996年版，第354页。

法巧妙，描绘细腻，用语流便。

唐亡前后，张泌主要活动在武安军节度使马殷统治的湖湘桂一带，曾与《兵要望江南》的作者易静等人共同推动了武安军的文艺繁荣；唐亡后最可能事马楚为舍人，也不排除事前蜀；张泌又曾较长时间滞留长安，短期逗留成都、边塞等地，与唐末罗隐、韦庄、郑谷、牛峤等绝大多数诗人一样，为博得一第而滞留长安，四处漂泊，传食诸侯。《全唐诗》存其诗一卷。

上文中提到的张泌《浣溪沙》，原文是：

晚逐香车入凤城，东风斜揭绣帘轻，慢回娇眼笑盈盈。

消息未通何计是，便须佯醉且随行。依稀闻道"太狂生"！

这首词以轻松、风趣的笔调，写一个青年男子，对一位素不相识的青年女子穷追不舍的趣事。这不过是封建社会青年男女的一种风流韵事、一幕小小的喜剧。

词人是以男青年的口吻来写的。词的上阕，写男青年追逐的结果赢得女子的嫣然一笑。"晚逐香车入凤城"，首句叙事，单刀直入，一上来就进入情节，交代了故事发生的时间（晚）、地点（凤城）、人物（青年男女）。在踏青游春众人归去的时候，从京郊进城的道路上，一辆华丽的车子在前面走，一个骑马的翩翩少年尾随其后。车中坐的什么人，这青年男子并不知道，车中女子对车后有人追逐更是浑然不觉，这简直是一幕滑稽剧。但这位纨绔子弟，也许是位眠花宿柳的老手，他从华丽的车子直感到车里坐的一定是位"窈窕淑女"。正在他胡思乱想之时，忽然一阵东风吹来，车帘被轻轻地斜着揭开。香车中果然坐着一位妩媚可爱的女子。"慢回娇眼笑盈盈"，这位女子对眼前所发生的事情，既没有感到奇怪，也没有表现出惊慌，既没有恼怒之色，也没有羞涩之颜，而是"笑盈盈"地回之以"娇眼"。"回眸一笑百媚生，六宫粉黛无颜色"（白居易《长恨歌》），这回头嫣然一笑，虽说不上是爱情，但绝不是反感，这就为青年男子的追逐带来了希望。

　　下阕写男子穷追不舍，得到的是女子"太狂生"的詈骂。这盈盈一
笑，是一种暗示、一种挑逗，本来也是一种"消息"，但由于未交一言，
没得到女子语言上的明确印证，故仍然觉得"消息未通"。"消息未通何
计是"，准确地传达出男青年的心理活动，使人想见他在焦灼中边紧跟苦
苦思索的情状。办法终于想出来了："便须佯醉且随行。""佯醉"，是为
了掩人耳目，达到"随行"的目的。因为只有"随行"，才能找到"通消
息"的机会。功夫不负有心人，通消息的机会果然来了："依稀闻道'太
狂生'！"从那绣帘之内终于传来一句莺声燕语似的"太狂生"的话语。意
谓这样一味穷追不舍未免太张狂了，是嘲笑，是詈骂，但这是打情骂俏的
骂，是大有希望的"消息"。明徐士俊在《古今词统》卷四中评道："闻此
语，当更狂矣！"全词就在这具有特殊意义的骂声中结束，而将骂后事情
的发展，留给读者去想象。

后 记

　　本书是集体创作，在选目、体例由本人确定后，把撰写初稿的任务分解给各位执笔者，初稿写成后再交由本人最后修改定稿，具体协调工作则由副主编毕国民负责。这是一个很好的创作班子，大家都挚爱这一工作，工作努力，合作愉快，在短短的几个月中，如期完成了任务。这是令人欣慰的。参加本书写作的有：毕国民、毕晓莹、东民、刘磊、毕英男、孙瑾、李会平、张瑞华、袁湜、赵悦、赵建华、赵玉玲、许娜、朱东方、范登高、范冬冬、阎青、王汇涓等同志。

毕桂发

2023 年冬